Monika Walbert · Thomas Lang

Sanftes Heilen mit Quantenenergie

Monika Walbert · Thomas Lang

Sanftes Heilen mit Quantenenergie

Mit der 2-Punkt-Methode zu einer erfüllten Realität

Giger Verlag

Hinweis:
Die in diesem Buch vorgestellten Ratschläge, Methoden und Übungen wurden von den Autoren nach bestem Wissen erarbeitet und mit größtmöglicher Sorgfalt geprüft. Dennoch können sie ärztliche Hilfe und ärztlichen Rat nicht ersetzen.
Die Autoren sowie der Verlag und seine Beauftragten übernehmen keine Haftung für Personen-, Sach- und Vermögensschäden die sich aus dem Gebrauch oder Missbrauch der in diesem Buch vorgestellten Anwendungen ergeben können.

2. Auflage Januar 2012

Tel. 0041 55 442 68 48
www.gigerverlag.ch
Lektorat: Monika Rohde, Leipzig
Umschlaggestaltung: Hauptmann & Kompanie, Zürich
Layout und Satz: Roland Poferl Print-Design, Köln
Druck und Bindung: GGP Media GmbH, Pößneck
Printed in Germany

ISBN 978-3-905958-04-1

Inhalt

Vorwort

In diesem Buch möchten wir Ihnen die für uns erfolgreichsten geistigen Heilmethoden der neuen Zeit vorstellen. Mit diesem Wissen können Sie Ihr Leben zu dem machen, wie Sie es sich schon immer gewünscht haben. Entscheiden Sie sich jetzt, Glück, Liebe, Gesundheit und Harmonie in alle Ihre Lebensbereiche zu bringen.

Viele Menschen haben inzwischen entdeckt, dass es weitaus mehr gibt, als nur das, was man hören, sehen oder ertasten kann.

Unsere gesammelten Erfahrungen mit diesen Heilmethoden haben wir hier niedergeschrieben, an die Menschen als Botschaft, die wir weitergeben möchten. Sie, unsere Leser, können diese Heiltechniken innerhalb weniger Tage erlernen und selbst praktizieren. Es sind keine jahrelangen Ausbildungen mehr notwendig, um sie erfolgreich anzuwenden, heutzutage kann und darf auch alles etwas schneller gehen. Menschen, die Heilung an sich und anderen erleben möchten, haben dank dieser Techniken eine wunderbare Möglichkeit, ihr Leben in eine erfüllte Realität zu lenken.

Wir haben es uns zum Ziel gesetzt, einen wichtigen Beitrag zu einem Heilbewusstsein für die »neue Zeit« zu schaffen. Uns ist es wichtig, dass Menschen erfahren, welche präventiven und nachhaltigen, alternativen erfolgreichen »Heil-Werkzeuge« es für ein gesundes, erfolgreiches und erfülltes Leben gibt. Zum Beispiel, indem man seine

Realität selbst und bewusst gestaltet. Wir stellen immer wieder fest, dass die großen Dinge auf unserem Planeten Erde alle so einfach sind, nur wir Menschen neigen dazu, sie erst schwierig und kompliziert zu machen. Wir möchten »Großes« so einfach und verständlich wie möglich an Sie weitergeben. Sie bekommen in diesem Buch Methoden vermittelt, die über Jahrtausende von Menschen praktiziert wurden, aber von vielen wieder in Vergessenheit geraten sind, um sie erneut in Ihren Alltag zu integrieren. Das kann allerdings nur geschehen, wenn durch wiederholtes Üben das neu Erlernte zur Gewohnheit wird. Dann kann diese Methode auch nachhaltig und positiv verändernd wirken. In diesem Buch hat jeder die Chance, eine für ihn stimmige Methode zu finden, die er mit nur wenig Zeitaufwand leicht in seinen Alltag integrieren kann, um die Transformationen in allen seinen Lebensbereichen zu spüren und zu erleben.

Sie haben es selbst in der Hand, Ihr Leben und Ihre Gesundheit bewusst zu steuern und zu lenken, um damit der Schöpfer Ihrer gewünschten Realität zu sein. Es ist kein anderer für Ihre Gesundheit und Ihr Leben verantwortlich, nur Sie allein. Suchen Sie nicht nach verantwortlichen Menschen. Sie sind es, der Liebe, Gesundheit und Fülle durch die richtigen Gedanken in sein Leben integrieren kann. Hören Sie wieder auf Ihre innere Stimme, die eine Verbindung zur Schöpfung hat, auf Ihre Intuition, um richtige Entscheidungen zu treffen. Gehen Sie bewusst in Ihre größte Kraftquelle, in Ihr Herz, und Sie werden erfahren, wie sich Ihr Leben zum Positiven verändert.

Die spirituelle Heilung, die Quantenheilung und die russischen Bewusstseinstechnologien haben unser Leben vollkommen neu geordnet und wunderbar verändert. Wir dürfen tagtäglich miterleben, wie Menschen in unseren Seminaren oder in den Einzelsitzungen auf eine wundersame Weise wieder zu mehr Glück, Harmonie und Gesundheit finden. Wir können uns nichts Schöneres vorstellen, als weiterhin Menschen zu unterstützen und das Wissen unserer langjährigen Tätigkeit im Bereich »Heilung auf geistigem Weg« in unseren Ausbildungen und Seminaren und jetzt auch hier weiterzugeben.

Erleben Sie es selbst, nur dann werden Sie überzeugt. Unserer Meinung nach kommen diese Heilmethoden deswegen jetzt wieder hervor, damit wir uns daran erinnern, wer wir sind. Nicht »Opfer«, sondern »Schöpfer« unserer Lebensumstände, »Schöpfer« unserer eigenen gewünschten Realität. Fangen wir bewusst bei uns selbst damit an.

Im Oktober 2010 auf der Buchmesse in Frankfurt wurden wir von einem amerikanischen Fernsehsender, »Supreme Master Television«, zu einem Interview zum Thema: »Frieden auf Erden durch Bewusstseinstransformation und der Umgang mit unseren Freunden den Tieren« eingeladen. Als von vielen Teilnehmenden der Gesprächsrunde immer wieder auf das Elend und die grausamen Zustände der Tiere in den Schlachthöfen hingewiesen wurde, hatten etliche Zuschauer ein Gefühl des Mitleids in den Augen. Wir bemerkten, dass die Gespräche sich immer nur um das »Leid« in der Welt drehten und keiner dabei spürte, dass wir dadurch nur noch mehr Energie in das »Leid« gaben. Wenn wir aber anfangen würden, nicht mehr über die Zustände zu sprechen, die wir nicht haben wollen, sondern über das, was wir verändern können, nämlich dass jeder Mensch bei sich anfangen sollte, für Frieden auf Erden zu sorgen, um so seinen Beitrag für eine bessere Welt zu leisten, dann haben wir viel gewonnen. Diese Beiträge sind bei Supreme Master Television (www.suprememastertv.com) unter Wissenschaft und Spiritualität zu sehen. Das Interview finden Sie auch auf unserer Webseite.

Wir wünschen Ihnen mit unserem Buch viel Erfolg und ein neues Bewusstsein in allen Bereichen Ihres Lebens, damit Sie Ihr Leben als das sehen, wozu es hier auf unserer Erde bestimmt ist.

TEIL 1

Voraussetzungen

»Das Geistige ist für mich fundamental, und ich gehe sogar so weit zu behaupten, dass es keine Materie gibt, sondern nur Geist.«

*Prof. Hans-Peter Dürr (*1929), deutscher Physiker (aus: Warum es ums Ganze geht – Neues Denken für eine Welt im Umbruch. oekom verlag, 2009)*

Wir bekommen immer wieder die Frage gestellt: Welche Voraussetzungen braucht man, um diese »Heilmethoden« anzuwenden?

Unsere Antwort darauf: Sie brauchen keine bestimmten Voraussetzungen, wir wünschen uns nur Offenheit und die Lust, etwas völlig Neues auszuprobieren. Die Techniken an sich sind sehr einfach zu erlernen. Aber leider versucht unser Verstand immer wieder, uns weiszumachen, dass so leicht zu erlernende Dinge nichts wert sind und nicht funktionieren können. Wir sind nun mal zumeist in dem Glauben groß geworden, dass die richtig guten Dinge im Leben nur durch Arbeit und komplizierte Vorgänge erreicht werden können.

Am besten, Sie schieben den Verstand mal ganz beiseite und beachten ihn nicht; lassen Sie ihn vor der Tür stehen und treten Sie ein in das Reich der Mysterien. Nur mit dem Verstand ist »Heilung auf geistigem Weg« sowieso nicht zu verstehen. Wenn der Verstand eingeschaltet ist, arbeiten wir hauptsächlich mit der linken Gehirnhälfte (der für logische, analytische Vorgänge), im Gegensatz zur rechten Gehirnhälfte, die wir für intuitives Arbeiten und ganzheitliches Denken benötigen. Ideal ist das Zusammenarbeiten beider Gehirnhälften (Synchronisation).

Das Wunderbare an diesen einfachen Methoden ist, dass nicht nur Ärzte, Heilpraktiker, Therapeuten und andere Heilberufler diese Heilmethoden ausüben können, sondern auch alle anderen Menschen, die vorher noch nichts damit zu tun hatten. Ja, sogar Kinder und Jugendliche haben die Fähigkeit, mit ihrer spielerischen Art und Weise mit diesen »Heilungsmethoden« umzugehen.

Betrachten Sie es als etwas, was Freude in Ihr Leben bringt, weil es einfach ist und nur über das Gefühl funktioniert. Gehen Sie ins Vertrauen, und Sie werden jedes Mal etwas stärker merken, wie viel sich in Ihrem Leben dadurch zum Positiven verändern kann.

Öffnen Sie Ihr Herz und es wird sich auch das Herz Ihrer Umwelt öffnen. Je mehr Liebe Sie zu diesen Methoden und Ihren Mitmenschen entwickeln, desto mehr wird sich positiv verändern können. Betrachten Sie die Methoden bitte nicht nur als ein auf der Quantenphysik beruhendes »technisches Instrument«. Seien Sie nicht mechanisch, denn das ist etwas, was wir nicht wollen. Betrachten Sie diese Heilungsmethoden als ein Instrument der Nächstenliebe, nur so werden Sie auf Dauer den Erfolg bekommen, um sich selber und anderen zu helfen. Am besten funktioniert es, wenn Sie alle Vorurteile, Bedenken und Meinungen anderer außer Acht lassen. Gehen Sie nach Ihrer Intuition und nach Ihrem Gefühl, wenden Sie diese Heiltechniken an und lassen Sie sich davon begeistern.

Wir vermitteln Ihnen in diesem Buch oder in unseren Ausbildungen und Seminaren, wie Sie in kurzer Zeit das Gefühl dafür entwickeln, diese Heilmethoden in alle Bereiche Ihres Lebens zu integrieren und so ein Leben in Fülle, Harmonie und Gesundheit zu erfahren.

»Heilquellen« in uns

»Wenn du nicht bereit bist, dein Leben zu ändern, kann dir nicht geholfen werden.«

Hippokrates (um 460 v. Chr. bis um 370 v. Chr.), Urvater unserer Ärzte

Um mit den vorgestellten Heilungstechniken vertraut zu werden, beschreiben wir Ihnen die notwendigen Aspekte in diesem Buch Schritt für Schritt. Auf den folgenden Seiten werden die wichtigsten Punkte und Informationen, die zum Anwenden der verschiedenen Techniken notwendig sind, ausführlich erklärt.

Aber bevor wir damit anfangen, stellen wir uns erst einmal die Frage: Aus was für »Quellen« können wir schöpfen und wie kann ich diese »Heil-Energiequellen« in eine Anwendung mit einbinden? Entscheidend ist immer die Absicht, die wir in das Geschehen einer Anwendung mit einfließen lassen. Wir unterscheiden vier »Kraftquellen«, die wir nutzen können:

1. das reine Bewusstsein
2. unser Mitgefühl
3. die Vis Vitalis (Lebenskraft), wird auch als universelle Heilkraft bezeichnet und
4. unsere Herzenergie (Herzchakra), es befindet sich in der Mitte unserer Brust.

Wenn wir uns vorstellen, dass das elektrische Feld unseres Herzens hundertmal stärker ist, das magnetische Feld sogar fünftausendmal stärker als das des Gehirns, und somit die stärkste Energiequelle in unserem Körper, können wir aus einem enormen Potenzial für eine Heilanwendung schöpfen. Diese Tatsache lässt uns eine große liebevolle Energie im Herzen vermuten.

Unsere Herzenergie ist genau die Schwingung, auf die Materie, wie wir sie wahrnehmen und sehen, reagiert.

Das reine Bewusstsein

Reines Bewusstsein ist die Quelle von allem, es durchdringt und umgibt alle Lebewesen. Auch die Quantenheilung arbeitet mit der ordnenden Energie des reinen Bewusstseins und bringt Empfänger und Anwender in einen energetisch harmonisierenden Zustand. Durch einen Impuls wird das vegetative Nervensystem spontan in einen Zustand versetzt, in dem tiefe Harmonisierung ausgelöst werden kann. Der ordnende Impuls aus dem Bewusstsein kann all die aus dem Lot geratene Energie »reorganisieren«. Dieses Reorganisieren bindet uns wieder ein in die vollkommene Ordnung und Harmonie nach dem Plan der Schöpfung.

Unser Mitgefühl

Zuerst müssen wir hier unterscheiden zwischen Mitgefühl und Mitleid. Im Mitleid steckt schon im Wort die Bedeutung, wir leiden mit dem anderen, in der Regel verstärkt das

das Leid nur noch. Umgekehrt, bei einem echten Mitgefühl dagegen, geht das Gefühl zu einem anderen Menschen über die Seelenebene. Das heißt: Beide Seelen kommunizieren in einem Gefühl der Nächstenliebe. Hier sind sich die Meinungen der Urvölker einig: Nicht nur das Wort oder das Gebet ist entscheidend für eine positive Veränderung von Körper, Geist und Seele, sondern auch das Gefühl, das sie damit in Verbindung bringen.

Wenn ich beispielsweise für einen Menschen um Harmonie in seinem Leben bete, dann ist es wichtig, das dazugehörige Mitgefühl zu haben, um eine positive Veränderung herbeizuführen.

Seien Sie mitfühlend, aber nicht mitleidend, das ist ein großer Unterschied.

Das Mitgefühl, das Sie für eine Person aufbringen, ist das Höchste, was sie aus reiner Nächstenliebe tun können. Machen Sie Ihr Mitgefühl nicht von einer bewussten Bemühung zu jemandem abhängig, dann kann es vielleicht nicht stabil genug sein, um eine Besserung zu erzielen. Absolutes Mitgefühl ist dualitäts- und bewertungsfrei und kommt durch Unvoreingenommenheit zustande.

Wie ein echtes, vom Herzen kommendes Mitgefühl zur Heilung von einem »unheilbaren Leiden« führen kann, zeigt folgende wahre Geschichte:

Ein Mann, der ohne jeglichen Glauben lebte, war an einer unheilbaren Krankheit erkrankt. Da seine Familie, nachdem er sich eigentlich schon aufgegeben hatte, sehr bedacht war um ihn, machten sie ihm den Vorschlag, zum Wallfahrtsort Lourdes in Frankreich zu fahren, wo schon viele offizielle »Wunderheilungen« geschehen sind.

Obwohl er zunächst absolut nicht wollte, stimmte er nach einiger Zeit seiner Familie zuliebe zu. Sie brachten ihn zum besagten Wallfahrtsort, wo sich bereits eine große Menge kranker Menschen eingefunden hatte. Er reihte sich in die Warteschlange ein und wartete, wie die anderen auch, um an das Wasserbecken zu gelangen, dem eine besondere heilende Kraft nachgesagt wird. Als er endlich an der Reihe war, richtete sich sein Blick auf einen Mann, der den ganzen Weg auf »allen vieren« gekrochen kam.

Er sah diesen Mann an und sagte spontan aus tiefstem Herzen: »Gott, wenn es einen Gott gibt, heile nicht mich, sondern heile bitte ihn!« In dem Moment, als er das aussprach, setzte spontan seine eigene Heilung ein. Seine »unheilbare Krankheit« war, wie sich bei einer darauf folgenden Untersuchung herausstellte, völlig verschwunden. Die Tatsache, dass dieser Mann zum ersten Mal seit langer Zeit echtes Mitgefühl zeigte, veränderte alles und ebnete den Weg für eine Spontanheilung. Nicht umsonst betonen viele Weisheitslehren, alles sei möglich, solange wir uns nicht begrenzen durch das, was wir für möglich halten.

Die Vis Vitalis

Vis Vitalis, auch Lebenskraft oder universelle Kraft genannt, mit der sich auch schon so bekannte Ärzte wie Wilhelm Hufeland und Samuel Hahnemann befassten, ist eine Kraft, die jeder aufnehmen kann. Diese Schöpferkraft, in der Quantenphysik wird sie auch als das »Nullpunktfeld« bezeichnet, ist immer und überall vorhanden. Wir können uns bewusst für sie öffnen und sie täglich in uns aufnehmen, um unseren »Akku«, den wir tagsüber durch Sprechen, Denken und viele andere Aktivitäten entleeren, wieder aufzuladen. Jeder Gedanke, den wir aufnehmen, und jedes gesprochene Wort kostet uns nämlich Energie.

Die Vis Vitalis bewirkt im ganzen Körper einen ordnenden und harmonisierenden Zustand. Das Fließen dieser Lebensenergie, frei oder blockiert, entscheidet über Wohlbefinden und Krankheit oder Harmonie und Disharmonie.

Herzenergie

Auch durch unser liebevolles Herz können wir Energie aufnehmen und weitergeben, indem wir unsere ganze Aufmerksamkeit auf das Herzchakra lenken, das sich in der Mitte unserer Brust befindet. Interessanterweise besteht unser Herz nicht wie angenommen aus vier, sondern aus fünf Herzkammern, die alle miteinander verbunden sind. Die fünfte Herzkammer ist eine luftdicht verschlossene Kammer, die bei einer Herz-OP aus Sicherheitsgründen weiträumig umgangen wird, um sie nicht zu verletzen und dadurch das Leben des Patienten zu gefährden. Die fünfte Herzkammer ist mit dem menschlichen Auge fast nicht wahrnehmbar. Sie beinhaltet laut Dr. Otoman Zar Adusht Hanish (Begründer der internationalen und interdenominationalen Mazdaznan-Bewegung) den göttlichen Funken oder das Atom, der mit der Urquelle der Schöpfung verbunden sein muss.

Außerdem wurde festgestellt, dass unser Herz ein mit circa vierzigtausend Gehirnzellen intelligentes Organ ist und mit unserem Gehirn im regen Austausch steht. Ohne eine Verbindung zu unserem Herzen, das heißt zu unserem Herzensgefühl, besteht wenig Möglichkeit, das Leben und letztendlich uns selber in Harmonie zu bringen.

Was ist Bewusstsein?

»Das Selbst ist die eigenschaftslose reine Wirklichkeit, in deren Licht Körper und Ego aufleuchten. Wenn alle Gedanken zur Ruhe gekommen sind, bleibt das reine Bewusstsein zurück.«

Ramana Maharshi (1879–1950), indischer Guru

Hier ein Beispiel, wie unser »Ich«-Bewusstsein und das Unterbewusstsein mit den Informationen, die auf uns einströmen, umgehen. Das »Ich«-Bewusstsein, also das Bewusstsein, dessen wir uns bewusst sind, nimmt pro Sekunde circa dreißig bis fünfzig Bits aller Informationen um uns herum auf, ein geringer Anteil. Dagegen nimmt unser kollektives angeborenes Unterbewusstsein circa vierzig Milliarden Bits pro Sekunde, als Informationseinheiten gerechnet, an Informationen auf. Das heißt, eine unwahrscheinlich große Menge an Informationen ist in unserem Unterbewusstsein abgespeichert. Das ganze Wissen der Erde und der Schöpfung ist so in uns gespeichert.

Zum Glück schützen uns unser Nervensystem und das Gehirn vor diesem, zum großen Teil unnützen und für uns belanglosen Wissen.

Mit dem reinen Bewusstsein steht uns eine heilende und »ordnende Quelle« zur Verfügung, und das sogar nur durch bewusstes Nichtstun im Moment der Anwendung. Das könnte sicherlich ein entscheidendes Kriterium sein, sich auch ohne jegliche Vorkenntnisse für das »geistige Heilen« zu entscheiden und damit zu arbeiten. Das reine Bewusstsein ist die Grundlage der 2-Punkt-Methode.

Wenn wir annehmen, dass das reine Bewusstsein die Quelle von allem ist, stellt sich die Frage: Wer sind wir eigentlich? Wir sind sicher nicht der, der wir zu sein gedenken, vielleicht aber unser Körper oder unser Geschlecht oder vielleicht auch unser Charakter. Wir sind der subtile Stoff, der sich Bewusstsein, Geist und Seele nennt.

Unserer Meinung nach ist reines Bewusstsein auch der Zustand:

- unermesslicher Kraft und Energie und
- unendlichen Wohlgefühls.

Das erleben wir immer wieder, wenn wir im Zustand des reinen Bewusstseins sind und mit der 2-Punkt-Methode arbeiten. In dem Moment fühlt man sich wohl, da herrscht Frieden und es gibt einem eine wunderbare Kraft, die ordnend wirkt, sowohl beim Impulsgeber wie auch beim Empfänger. Diesen Zustand zu erreichen, setzt allerdings ein wenig Übung voraus. Sie können anhand einer Meditation, die wir im Anhang vorstellen, in den Zustand eines erweiternden Bewusstseins kommen. Führen Sie am Anfang die Meditation in der normalen Länge durch; später, mit mehr Übung, können Sie den Ablauf in wenigen Sekunden durchlaufen. Üben Sie öfter, bevor Sie mit einer »Heilanwendung« beginnen.

Auch unsere Gefühle sind wichtig in diesem Geschehen, sie sind eine Art Schnittstelle zwischen Materie und Bewusstsein. Das heißt, wenn wir mit einem Gefühl, zum Beispiel von Mitgefühl oder Wohlgefühl, ins Bewusstsein gehen, ist Transformation (Veränderung) möglich. Im reinen Bewusstsein tun wir nämlich nichts anderes, als nur im Hier und Jetzt zu sein.

Da alles sich aus dem ordnenden reinen Bewusstsein entwickelt, kann zufolge auch alles, was aus dem Lot geraten ist, sich durch das reine Bewusstsein wieder ordnen und blockierte Energie wieder zum Fließen bringen.

Nach dem Bewusstsein zu suchen ist jedoch zwecklos, das möchte in der Regel auch nur unser Verstand und der kann uns sowieso nicht sagen, wo es ist. Mit dem Verstand allein lässt sich die Schöpfung in ihrer »Größe« nicht begreifen. Es ist besser, in die Stille zu gehen. Denn da, in der Ruhe unseres Herzens, ist die Kraft, aus der wir im Hier und Jetzt schöpfen können, auch das ist Bewusstsein. Stellen Sie sich unseren Körper als komprimierte Energie vor, der sich eines Tages auflösen wird oder in eine Energie verwandeln wird, die für uns nicht sichtbar ist, was bleibt da noch übrig!?

Geist, Seele und Bewusstsein! Richtig, all das Feinstoffliche.

Wir sind daher nicht mehr nur auf unseren Körper begrenzt, sondern in der Lage, uns auch als unsterbliche geistige Wesen zu verstehen.

Wenn wir Bewusstseinserweiterung erfahren, können wir uns mit dem universellen Bewusstsein in Verbindung bringen, das heißt, wir können an alle Informationen der Matrix heran.

In unseren Seminaren lernen Sie verschiedene Werkzeuge kennen, um so mit dem richtigen Bewusstsein Ihr Leben auf allen Ebenen zu bereichern.

Ein Beispiel

Eine Kursteilnehmerin aus einem vor einigen Wochen absolvierten Seminar rief uns an und beschrieb Folgendes: Sie hatte ihrem Sohn anhand der 2-Punkt-Methode ein Modul mit dem allumfassenden Wissen von Albert Einstein erstellt und ihm dieses durch ein kurzes »Pointing« verabreicht, weil er kurz vor einer wichtigen Prüfung stand und nichts mehr von seinem wenig gelernten Stoff wusste. Das Ergebnis war so verblüffend, dass sie es uns sogleich mitteilen wollte, und sich von ganzem Herzen bedankte für diese neue Möglichkeit und der daraus resultierenden positiven Veränderung, die ihr Sohn in den Ergebnissen nach den Tests mit Freude bemerkte.

Verblüffend war an diesem Beispiel, wie schnell sich das Bewusstsein unserer Seminarteilnehmerin erweitert hatte, und dass sie in einem so erweiterten Bewusstsein war, das alles möglich ist und nicht nur das, was ihr konditionierter Verstand ihr vorgeschlagen hatte.

Gehen Sie des Öfteren in die Grenzenlosigkeit Ihres Bewusstseins. Horchen Sie nach innen, denn da ist das, was uns wirklich ausmacht. Wenn wir das tun, fangen wir endlich an bewusst zu leben und suchen das Glück immer weniger im Außen.

In Resonanz gehen mit krank machenden Bewusstseinsfeldern

Wenn wir wissen, dass Namen von Krankheiten ein Bewusstseinsfeld haben und die Namen über dieses Bewusstseinsfeld auf uns einwirken, sollten wir uns da nicht genau überlegen, wie oft und welche Krankheiten wir in den Mund nehmen?

Durch unsere Sprache sind wir Menschen daran gewöhnt, den Dingen Namen zu geben. Namen bilden sich damit als »Link«, quasi als eine Art Verbindung zu den Bewusstseinsfeldern. Im Fall von Krankheiten klicken wir uns meist automatisch über den Namen der Krankheit mit dem dazugehörigen Bewusstseinsfeld zusammen. Stehen wir auf irgendeiner Art und Weise in Resonanz mit dem Bewusstseinsfeld, so wird unser System auf körperlicher oder emotionaler Ebene darauf antworten. Der Name des Krankheitsbildes baut so die Resonanz zu unserem Bewusstseinsfeld auf. Nennt Ihnen zum Beispiel ein Arzt nach einer Untersuchung den Namen einer Krankheit, die Sie laut seiner Diagnose haben, so reagiert Ihr System binnen Sekunden auf diese Diagnose. Das Bewusstseinsfeld geht mit seinen Schwingungen und Ihren Ängsten in Resonanz und wirkt so auf uns ein.

Diesem »Effekt« können wir durch eine Anwendung mit der 2-Punkt-Methode entgegenhalten. Sie können Ihre inneren Dissonanzen damit sofort transformieren, sodass Sie auf das »kranke Bewusstseinsfeld« einfach nicht mehr reagieren.

Ordnung in unserem Körper-Energiefeld

»Ihr, die Ihr leidet, wisset, Ihr leidet durch Euch selbst. Niemand zwingt Euch dazu, dass Ihr leidet, und auch Befreiung kommt nur durch Euch Selbst.«

Eine Weisheit von Buddha

Wir nennen das All auch Kosmos und Kosmos bedeutet übersetzt so viel wie »Ordnung«, die wiederum aus dem Chaos entstanden ist. Das heißt, ohne Chaos keine Ordnung.

Wir Menschen sind ein Teil dieser kosmischen Ordnung, nach der sich alles Vorhandene im Kosmos mit einschließt. Von unserem wahren Wesen her leben wir im Einklang mit der ordnenden Energie, die als die »göttliche Matrix« bezeichnet wird, wie es Gregg Braden, ein amerikanischer Wissenschaftler, sagte. Diesen Einklang mit der Matrix nehmen wir als Wohlgefühl, Lebensfreude, Vitalität, Harmonie, Liebe und Gesundheit wahr. Wenn diese Ordnung in uns gestört ist, macht sich unser Körper bemerkbar.

Unser Körper, der uns immer sagt, wenn etwas nicht in der Ordnung ist, wird uns, wenn wir ihn ignorieren, diese Störungen in Form von Krankheit, Mangel und Leid erfahren lassen. Er wird uns, immer auf seine Art und Weise, zu verstehen geben, wann wir uns nicht mehr in dieser göttlichen Ordnung bewegen. Er schickt uns immer wieder Signale, die wir unbedingt wahrnehmen sollten, denn er bringt immer die Wahrheit zum Ausdruck.

Der Körper spiegelt nur den Inhalt unseres Bewusstseins wider und drückt das Gespiegelte entweder in Harmonie oder Disharmonie, also Wohlfühlen oder Unwohlsein, aus. Um uns aufmerksam zu machen, falls wir ein Signal nicht beachten, kann er uns auch Schmerzen schicken. Beachten wir den Schmerz nicht, schickt er uns das Leid und sollten wir das Leid nicht beachten, wird er uns als letzte Konsequenz daraus in den Tod schicken. Klingt sehr hart, ist aber in der Ordnung des Kosmos bei allen Lebewesen so geregelt. Wenn der Körper sich also mit Schmerz oder Leid meldet, haben wir in der Regel eine Botschaft von ihm nicht beachtet oder ignoriert. Wir übernehmen daher in diesem Fall immer die volle Verantwortung für unsere Gesundheit als Folge des Nichtbeachtens.

Sie sollten eine Krankheit immer als Botschaft, nicht als Strafe, Verurteilung oder Schicksal sehen. Nachdem alles eine Ordnung in sich birgt, will unser Körper uns auch in diesen Angelegenheiten nur darauf aufmerksam machen und es als eine Chance zur Veränderung signalisieren. Krankheit ist immer ein Hinweis unseres Körpers und kein Schicksalsschlag oder eine Laune der Natur, die den einen treffen und den anderen verschonen!

Alle Menschen haben ihr Schicksal. Aber die wenigsten fragen nach, warum sie unter den gegenwärtigen Umständen, das viele Schicksal nennen, leben, was diese Umstände verursacht hat und wie man es vielleicht verändern könnte. Wenn wir das tun würden, würden wir erkennen, dass das Schicksal jedes Menschen in seiner eigenen Hand liegt, und daher auch die Chance, jeden Tag etwas bewusst zu verändern. Am besten in uns selbst, denn da, wo es erschaffen wird, nämlich in unserem Bewusstsein, kann es auch wieder verändert werden. Unsere äußeren Umstände, das, was wir sehen, ist das, was unser Bewusstsein durch unser Denken und Fühlen und letztendlich durch unser Handeln geformt hat.

Wir Menschen könnten locker ein Alter von weit über hundert Jahren erleben, wenn da nicht die »Störungen im Energiefeld« wären. Da wir ja nicht unser Körper sind, sondern geistige Wesen, betrifft Geburt, Krankheit, Alter und Tod nicht unser wahres Selbst (Seele), sondern eben nur unsere Hülle, also unseren Körper.

Die wahre Ursache von allem Unheil sind immer die negativen Gedanken, die wir aufnehmen. Denn alles, was wir denken und dann in Worte kleiden, wirkt, bevor es ins Universum geht und sich verwirklicht, erst einmal auf unseren Körper.

Mit anderen Worten: Alle Gedanken, Worte und auch unsere Gefühle wirken mit der Zeit auch auf unseren nichtphysischen und physischen Körper, der dann entweder mit Krankheit oder Gesundheit darauf reagiert.

Ein wunderbares Beispiel dafür, wie Worte auf uns wirken

Sie bekommen eines Tages eine Nachricht von Ihrem Arzt, dass Sie aufgrund eines Befundes nicht mehr lange zu leben hätten. Im Moment der gesagten Worte würden Sie in eine »Starre« aufgrund von Angst und Traurigkeit verfallen, egal ob Sie davon überzeugt sind oder nicht, egal ob es ein Missverständnis war oder nicht. Allein diese Aussage einer

Person bestimmt in diesem Moment Ihren Gemütszustand. Das Gesagte hat sofort Ihren Körper durchdrungen und ihn verletzt. Angst und Aufregung bewirken ein Verschließen all unserer Kanäle im Körper. Hoffnung, Ruhe und Liebe dagegen bewirken, dass die Lebenskraft ungehindert fließen kann, sodass eine Krankheit in der Regel keinen Angriffspunkt mehr findet.

Was und wem wir unseren Glauben schenken, wird wahr und wirkt in dem Augenblick auf uns.

Ein Auszug aus den Regeln der Hunas

»Denke dir eine Rinne, durch die lange Zeit ein Strom schlammiges Wasser geflossen ist.

Der Schlamm hat sich allmählich an den Seiten und am Boden angesammelt und sammelt sich noch weiter an, solange das schlammige Wasser durchfließt. Das sollst du ändern!! Lass einen Strom kristallklaren Wassers in schnellem Lauf durch die Rinne fließen und in kurzer Zeit wird der angesammelte Schlamm fortgespült und die Rinne vollständig gereinigt sein.

Sie wird nicht mehr hässlich und unrein, sondern schön und gereinigt aussehen und das durchfließende Wasser ist wieder kraftvoll und wertvoll. Eine Quelle der Erfrischung, Gesundheit und Kraft für alle, die es trinken. Verlasse den Pfad, der nichts Gutes im Schilde führt und begebe dich auf den Weg der Liebe und der Wahrheit und du wirst Gesundheit erlangen.«

Kraft der Dankbarkeit

»Wir dachten immer, wenn wir Eins kennen, dann kennen wir auch Zwei, denn Eins und Eins sind Zwei. Jetzt finden wir heraus, daß wir lernen müssen, was und bedeutet.«

Sir Arthur Eddington (1882–1944), engl. Astronom, Physiker, Mathematiker und Philosoph

Um uns weiter auf den Weg der Gesundheit zu bringen, sollten wir unsere Aufmerksamkeit auf Dinge richten, für die wir in unserem Leben wirklich dankbar sein können, beispielsweise auf genug Nahrung, ein Dach über dem Kopf, warme Kleidung, Wohlstand auf vielen Ebenen. Für viele Menschen scheint das selbstverständlich, aber nichts im Leben ist wirklich selbstverständlich.

Diejenigen, die sich mit der Schwingung der Wertschätzung umgeben und somit das Gefühl der Wertschätzung selber ausstrahlen, gehen mit diesem Bewusstseinsfeld in Resonanz und werden eher Menschen, die ein ähnliches Bewusstsein haben, anziehen. Sie schaffen sich damit gute Voraussetzungen, um ihr Leben in Liebe und Harmonie mit unseren Mitmenschen leben zu können.

Viele mit einem großen Herzen, so haben wir selbst festgestellt, bringen ihre Dankbarkeit meist auch zum Ausdruck. Die, die dankbar sind, vergessen in der Regel die guten Taten nicht, die ihnen von ihren Mitmenschen zugetragen worden sind. Wir haben die Erfahrung gemacht, dass die Dankbarkeit ein sehr gutes Mittel ist, um das, was man schon empfangen durfte, zu einem noch Größeren zu transformieren, allein durch Dankbarkeit. Auch haben wir es an uns selbst erfahren, sind wir dankbar unserer Gesundheit, unserer Arbeit, dem Leben und anderen Dingen gegenüber, spüren wir ein Gefühl der Zufriedenheit in uns.

Wir hatten uns zum Ziel gesetzt, eine Zeit lang täglich aufzuschreiben, wofür wir alles dankbar sein sollten. Dabei kam jeden Tag eine ganze Seite heraus. Machen Sie sich auch einmal die Mühe und schreiben Sie einige Zeit lang jeden Tag auf, wofür Sie alles dankbar sein möchten, ohne verpflichtendes Gefühl, und Sie werden überrascht sein, was sich in Ihrem Leben alles zum Positiven verändert.

Das können ganz banale Dinge sein wie:

- Ich bin dankbar für fließendes Wasser (die meisten Menschen auf unserer Erde haben kein fließendes Wasser).
- Ich bin dankbar für das Auto, das mich jeden Tag zur Arbeit bringt.
- Ich bin dankbar für die Nahrung, die ich mir jeden Tag leisten kann.
- Ich bin dankbar für die Wohnung oder das Haus, das mir Schutz und ein Dach über dem Kopf bietet und so weiter.

Ihnen wird nach genauem Überlegen sicher sehr viel einfallen, was uns gar nicht mehr richtig bewusst und für viele Menschen schon selbstverständlich ist. Wenn wir morgens aufwachen, lenken wir beide unsere ganze Aufmerksamkeit sofort auf das, für das wir heute gern dankbar sein möchten, denn der Aufmerksamkeit folgt bekanntlich die Energie. Deshalb können Sie auch dankbar für Dinge sein, die Sie noch nicht haben oder gerne hätten, denn durch die Dankbarkeit im Bewusstsein werden sich die Dinge, die wir uns wünschen, schneller manifestieren können.

Noch nie in der Geschichte der Menschheit gab es so viel materiellen Luxus wie heute. Tägliches Essen, fließendes Wasser, jegliche Art von Einkaufsmöglichkeiten, freie Arbeitsplatzwahl, ärztliche Versorgung usw. Aber immer noch gibt es Menschen, die nicht dafür dankbar sein können. Sprechen Sie Ihre Dankbarkeit ruhig öfter aus und Sie werden erleben, dass etwas Wunderbares geschieht. Der Mensch findet zumeist immer einen Grund, um nicht dankbar zu sein, da es für unseren Verstand selbstverständliche Dinge sind.

Wir möchten Ihnen hier keine Predigt halten, sondern Ihnen ein kosmisches Gesetz vorstellen, das Dankbarkeit und das entsprechende Gefühl, Fülle in Ihr Leben bringen kann. Probieren Sie es einfach mal: Wünschen Sie jeden Tag den Menschen, die Ihnen begegnen, Liebe, Gesundheit und Reichtum und es wird auf Sie zurückfallen. Wir haben es selbst erlebt. Auch damit ziehen wir unsere Aufmerksamkeit auf die Dinge, die wir wirklich möchten. Vergessen Sie aber nicht, Dankbarkeit wirkt sich zuerst auf unsere ungefähr achtzig Billionen Körperzellen aus, bevor sie im Universum auf Resonanz und Verwirklichung trifft.

Transformation durch Achtsamkeit

»Geist erscheint nicht mehr als zufälliger Eindringling der Materie. In uns regt sich die Vermutung, dass wir ihn stattdessen als Schöpfer und Lenker dieses Reiches preisen müssen.«

Sir James Hopwood Jeans (1877–1946), englischer Physiker

Warum sprechen wir das Thema an? Achtsam zu sein in unserer schnelllebigen Zeit ist gar nicht so einfach. Durch so manche Reizüberflutung und Hektik sehnt man sich oft nach einem Ort der Ruhe. Aber die Achtsamkeit für sich und die Stille an einem ruhigen Ort haben eine wunderbare Auswirkung auf unser Unterbewusstsein.

Überzeugungen und Denkmuster beeinflussen den Großteil unserer Handlungen im Alltag, und das nicht immer zum Positiven. Daher wäre es doch interessant, diese Prägungen im Unterbewusstsein so zu formen, dass sie sich ausschließlich harmonisch auf unseren Alltag auswirken.

Hier ein paar Beispiele, was unbewusst alles getan wird:

- Das Autofahren ist ein Akt aus dem Unterbewusstsein.
- Auch das Zähneputzen ist ein Akt aus dem Unterbewusstsein.
- Das Radfahren ist ein Akt aus dem Unterbewusstsein.
- Und sogar das erlernte Schreiben auf einer Schreibmaschine ist ein Akt aus dem Unterbewusstsein.

Wir haben viele Erfahrungen, vor allem in unserer Kindheit, ins Unterbewusste geprägt. Daher können mich im späteren Leben Dinge blockieren, die ich in der Kindheit automatisiert habe. Und jetzt kommt es: Wenn ich achtsam und in der Gegenwärtigkeit des Augenblicks lebe, also nicht in der Vergangenheit oder der Zukunft, sondern mit den Gedanken im Hier und Jetzt bleibe, dann forme ich meine alten Denkmuster, die in meinem Unterbewusstsein schlummern, Zug für Zug um. Das heißt, ich programmiere mein Unterbewusstsein neu mit dem bewusst im »Jetzt« Erlebten, und zwar mit neuen Erfahrungen in der Achtsamkeit des gegenwärtigen Moments.

Ein Beispiel

Stellen Sie sich vor, Sie fahren gerade mit dem Auto zur Arbeit, gehen zwischendurch zum Bäcker und kaufen Brot ein, verrichten dann Ihre Arbeit im Büro, fahren nach Feierabend wieder nach Hause, kochen, essen, räumen Ihre Wohnung auf. Eben ein ganz normaler Tagesablauf, so wie Sie Ihn sicherlich an den meisten Tagen im Jahr auch erleben. Bei den meisten Menschen ist dieser Ablauf automatisiert, er läuft unbewusst ab, gesteuert nur durch unsere Konditionierungen im Unterbewusstsein. Zumeist allein aus dem Grund, weil wir mit unseren Gedanken entweder in der Vergangenheit oder in der Zukunft sind.

Stellen Sie sich nun vor, es wäre nicht so, wir hätten keinen Automatismus bestimmter Abläufe; wir müssten uns für jeden sich wiederholenden Schritt in unserem Tagesablauf bewusst überlegen, wie er aussähe.

Für manche Situationen ist dieser Automatismus sicherlich von Vorteil. Dennoch, wenn wir unser Leben bewusst leben, dem Moment unsere ganze Aufmerksamkeit schenken, haben wir die Chance, unser Unterbewusstsein neu zu »schreiben«, und zwar mit dem im Hier und Jetzt in der ganzen Aufmerksamkeit Erlebten. Fangen Sie an und werden Sie der Autor Ihrer gewünschten Realität mit der ganzen Kraft des Moments. Der Augenblick ist der Einzige, den wir haben.

Ein Beispiel für bewussteres Leben

Haben wir eine Verabredung mit einem wunderbaren Menschen, merken wir, dass er unsere volle Aufmerksamkeit hat.

Wir überlegen uns genau, was wir anziehen, ob Krawatte oder Fliege, wie wir riechen möchten, sanfter Lavendelduft oder lieber ein Duft der großen weiten Welt. Wie unsere Haare gestylt sind und was wir als Geschenk, zum Beispiel rote Rosen, brauchen. Wir richten also unsere ganze Aufmerksamkeit bis ins kleinste Detail auf die Situation.

Das sind Momente, in denen unser programmiertes Unterbewusstsein ausgeschaltet ist beziehungsweise nicht zur Wirkung kommt, weil wir bewusst handeln.

Wenn wir aktiv in der vollen Aufmerksamkeit sind, dann programmieren, besser gesagt konditionieren wir die alten Muster aus unserer Vergangenheit um und erschaffen uns bewusst ein neues Bewusstsein aus dem Hier und Jetzt. Fangen Sie an, Ihre alten, oft blockierenden Glaubensmuster in Ihrem Keller auszumisten und Sie werden Ihre alten Fesseln und damit auch Ihre meist unbewusst gelebte Opferrolle los.

Die sieben »Huna-Prinzipien«

Huna bedeutet so viel wie »Geheimnis« oder »verborgenes Wissen« und steht für eine traditionelle polynesische Lebensphilosophie. Die sieben Grundprinzipien des hawaiianischen Schamanismus finden in vielen Bereichen Anwendung – von der Körperarbeit zu Beratung, Coaching, Beziehungen und vielen anderen.

Diese Lebensphilosophie stützt sich im Wesentlichen auf sieben Prinzipen:

IKE – Die Welt ist, wofür du sie hältst.
  Es gibt keine für alle Menschen gültige Wahrheit, was wir glauben, wird wahr.
KALA – Es gibt keine Grenzen.
  Alles ist miteinander verbunden.
MAKIA – Energie folgt der Aufmerksamkeit.
  Richte den Fokus auf das in deinem Leben, was du möchtest, und die Energie dafür wird folgen.
MANAWA – Jetzt ist der Augenblick der Macht.
  Der gegenwärtige Moment ist der einzige, den wir haben, um wirksam zu werden. Sei im Hier und Jetzt, denn da ist die ganze Kraft.
ALOHA – Lieben heißt: Glücklich sein mit ...
  Lieben Sie alles, was Sie in Ihrem Leben vorfinden. Liebe dich selbst und du bist fähig, auch andere zu lieben.

MANA – Alle Macht kommt von innen.
Du hast die Kraft, zum Schöpfer deiner gewünschten Realität zu werden.

PONO – Wirksamkeit ist das Maß der Wahrheit. Wahr ist, was wirkt beziehungsweise was funktioniert, egal ob es sein kann oder darf oder nicht.

Die Macht der Gedanken

»Die gesamte Schöpfung existiert in dir, und alles was in dir ist, existiert auch in der Schöpfung. Es gibt keine Grenze zwischen dir und einem Gegenstand.«

Khalil Gibran (1883–1931), aus: Der Prophet

Haben Sie sich schon einmal die Frage gestellt, wie viele Gedanken wir eigentlich so am Tag denken? Etwa sechzigtausend rasseln täglich durch unser Gehirn. Wenn wir uns erinnern, dass Gedanken Frequenzen und die wiederum reine Energie sind, stellt sich die Frage: Sollten wir da nicht öfter mal auf unsere Gedanken achten? Diese dahintersteckende Energie wirkt sich immerhin sowohl auf unseren Körper als auch auf unser Wohlbefinden aus.

Gedanken können uns Kraft geben oder auch nehmen, das kennt jeder aus seinem ganz persönlichen Alltag. Alles, was existiert und geschaffen wurde, war vorher als Gedanke da. Mit einem Gedanken fängt sozusagen alles an. Würden wir immer nur gute Gedanken aufnehmen, würde sich diese positive Energie auch in uns positiv bemerkbar machen. Das wirkt umgekehrt genauso, nehmen wir negative Gedanken auf, wirken die belastend auf uns. Aber keine Sorge, ein positiver Gedanke ist nachweislich hundertmal stärker als ein negativer.

Stellen Sie sich doch einmal Folgendes vor: Sie sind auf einem Geburtstag eingeladen, Ihre Stimmung ist heiter und fröhlich. Plötzlich kommt ein Bekannter, nimmt Sie zur Seite und berichtet Ihnen, dass Ihr bester Freund tödlich verunglückt ist. Sofort sind Sie niedergeschlagen und richtig traurig darüber. Etwas später kommt der gleiche Bekannte wieder auf Sie zu, um sich zu entschuldigen und Ihnen mitzuteilen, dass es eine Verwechslung gab und er eine ganz andere Person meinte. Sie sind zwar jetzt erleichtert, aber Ihr Körper wird noch einige Zeit brauchen, um sich von dieser Nachricht zu erholen. Parallel entstehen bei Ihnen auch Gedanken der Wut und des Ärgers auf Ihren Bekannten. Jetzt stellt sich allerdings die Frage: Was ist denn objektiv wirklich geschehen, um diese Gefühle von Freude bis Leid zu durchleben? Na, eigentlich doch gar nichts, denn Ihrem Freund geht es nach wie vor bestens. Alles hat sich nur in Ihren Gedanken abgespielt. Aber Sie sind verantwortlich für Ihre Gedanken und den daraus resultierenden Gefühlen, die wiederum über Ihren Körper zum Ausdruck kommen.

Wer lernt, seine Gedanken zu meistern, meistert in der Folge auch sein Schicksal.

Wir nennen es auch Gedankenhygiene. Die negativen Gedanken werden nur dann keine Kraft mehr haben, wenn wir uns nicht mehr mit ihnen befassen. Eine berechtigte Frage würde jetzt lauten: Wie kann ich meine Gedanken denn besser sortieren? Wir empfehlen: Sobald Gedanken kommen, die man als ungut empfindet, sagen Sie innerlich zu sich: Stopp, bitte nicht weiter, ich will das nicht. Und das Universum reagiert prompt darauf.

Alles im Universum hat seine Regeln, auch dieses Mysterium. Ich kann mich gezielt entscheiden, mit welcher Quelle ich verbunden sein möchte, entweder mit der Quelle der Liebe oder mit der Quelle der Angst. Nur diese beiden

Quellen werden als »Grundquellen« aller Gedanken angenommen.

Jeder Ihrer Gedanken trägt in sich die Kraft der Verwirklichung. Wir kennen alle Beispiele von guten und schlechten Nachrichten und deren Wirkung auf uns.

Die Wissenschaft ist sich mittlerweile einig, dass Gedanken nicht von uns Menschen selbst erschaffen werden, sondern ein Konstrukt sind, welches schon da ist, bevor wir denken. Nur durch unseren freien Willen entscheiden wir, welche Gedanken wir aufnehmen.

Eine wahre Geschichte aus den USA

Ein Junge, der in der Schule durch seine schlechten Noten auffiel, wurde eines Tages von zwei Männern mit Anzug und Krawatte aus der Schule geholt. Die Lehrer bekamen die Begründung, er solle für einige Zeit an einem wissenschaftlichen Experiment teilnehmen, ohne jedoch vorher die Lehrerin und die Schüler davon zu informieren. Nach etwa drei Wochen brachten ihn die zwei Männer wieder in seine alte Klasse zurück. Sie erklärten, sie hätten ihn getestet, und er sei entgegen der Meinungen aller ein hochgradig intelligentes Kind. Von da an glaubten alle an die Aussage der beiden Herren, der Junge sei hochbegabt. Nach wiederum vier bis fünf Wochen besserten sich wie durch ein Wunder die schulischen Leistungen des Jungen, sodass er nur noch beste Noten erreichte. Alle wunderten sich darüber und keiner hatte eine Erklärung dafür.

Dieses Beispiel zeigt, welche Kraft unsere Gedanken haben und im Kollektiv umso mehr. Übrigens, die Kraft der

Gedanken, beziehungsweise der richtigen Absicht, die wir bei der 2-Punkt-Methode, zu der wir in den nächsten Kapiteln kommen, vorab stellen, sorgt für einen richtungsweisenden Aspekt der gewünschten Transformation.

Die Kraft der Bilder

Auch Bilder, die wir in uns tragen, und solche, die unsere Wände zieren, haben einen wesentlichen Einfluss auf unsere Verfassung und letztendlich auf unsere Gesundheit. Es wurden auch hier Tests vorgenommen, unter anderem von dem bekannten Autor Masaru Emoto, der sich lange Jahre mit der kristallinen Struktur des Wassers beschäftigt hat. In diesen Tests wurden Bilder auf Gläser angebracht. Innerhalb kürzester Zeit veränderte sich die Struktur des Wassers, je nachdem, welches Bild verwendet wurde. Bilder vom Krieg hatten eine negative Auswirkung und riefen eine Verklumpung der Wasserkristalle hervor. Während wunderschöne Naturbilder eine positive Prägung der kristallinen Struktur des Wassers auslösten. Je feiner die Struktur des Wassers ist, desto mehr reinigende Wirkung hat es übrigens auf uns. Bei einem Versuch mit einem alten Mann hatte man Folgendes erlebt: Nachdem er reines Bergquellwasser getrunken hatte, entdeckte man in seinem Urin alte Giftstoffe, die es schon seit fast dreißig Jahren nicht mehr gibt. Sie wurden durch die feine Struktur des Wassers herausgespült.

Ich möchte Ihnen auch ein Beispiel aus unserer Praxis erzählen: Eines Tages beklagte sich eine Seminarteilnehmerin bei uns, wie schlecht sich doch ihre Schüler in ihrer Klasse auf den Unterricht konzentrieren könnten. Es sei jedes Mal eine sehr große Unruhe unter den Schülern, sodass ein normaler Unterricht kaum möglich wäre. Wir wollten daraufhin die Bilder sehen, die im Klassenzimmer hingen. Ohne bewertend zu sein, tauschten wir nach Absprache mit der Lehrerin die vorhandenen Bilder aus und hängten dort Bilder von Bergen, Wäldern, Seen und Landschaften auf. Nach ungefähr vier Wochen waren die Schüler wie ausgetauscht. Die Lehrerin bedankte sich von ganzem Herzen und konnte ab sofort wieder einen normalen Unterricht führen.

Fokussieren Sie Ihre Gedanken auf die Dinge, die Sie gern tun oder auf die Menschen, die Sie am liebsten in Ihrer Nähe haben möchten, oder auf die Beschäftigung, die Ihnen am meisten Freude bereitet, auf das Hobby, das Ihnen am meisten Spaß macht, und hin zu einer gesunden Ernährung. Oder zu Gesprächen, die Ihnen ein gutes Gefühl vermitteln, zu einer Umgebung, in der Sie sich wohlfühlen, und die Energie folgt der Aufmerksamkeit hin zu Dingen, die Ihnen gut tun.

Wir sind das, was wir denken und die Welt ist das Produkt unserer Vorstellung.

Lassen Sie ihre Gedanken durch ein Gedankensieb fallen. Dann werden Sie bemerken, wenn wir bewusst nur noch Gedanken zulassen, die sich gut anfühlen, dass sich auch unser Wohlbefinden zum Positiven verändern wird.

Wenn wir zum Beispiel Gedanken haben, die Gefühle wie Neid, Eifersucht, Hass, Zorn, Wut, Ärger und dergleichen transportieren, werden wir selbst mehr unter ihnen leiden als alle Menschen, die wir damit in Verbindung bringen. Unser Körper schaltet in den Angstmodus um, das heißt, wir fallen in die Opferrolle.

Wenn wir uns dessen aber bewusst sind, dass Gedanken nur aus den beiden Quellen stammen, eben der Angst oder der Liebe, können wir uns jeden Tag aufs Neue entscheiden, aus welcher Quelle wir sie zulassen und denken.

Gedanken der Freude und der Hoffnung sind wesentliche Aspekte der Gesundheit, denn Freude und Hoffnung ziehen automatisch Gesundheit nach sich, da sie aus der Quelle der Liebe entspringen und wir uns dann im Modus der Liebe befinden. Umso mehr Freude und Hoffnung ich in meine Lebensbereiche integriere, umso größer wird sich die Ordnung wiederum in meinem Körper bemerkbar machen. Nehmen Sie sich das Recht, in Ihrem Leben jeden Tag aufs Neue zu entscheiden, was Ihnen Freude bereitet und was Ihnen Freude nimmt. Denken Sie auch darüber nach, ob die Medien um Sie herum Freude und Leichtigkeit bewirken oder das Gegenteil anrichten. Richten Sie Ihren Fokus wirklich nur auf die Dinge in Ihrem Leben, die in Ihnen ein Wohlgefühl hervorrufen. Die schweren Dinge im Leben werden immer kleiner, wenn wir ihnen weniger Aufmerksamkeit schenken.

Vor einigen Jahren nahmen wir an einem Seminar zur Selbstentfaltung mit etwa hundert Seminarteilnehmern unterschiedlichster Herkunft teil. Dabei wurde die Frage gestellt: Welche Ziele haben sie in ihrem Leben und mit welchem Gefühl wollen sie das erreichen. Es war verblüffend, denn fast achtzig Prozent der Seminarteilnehmer entschieden sich für ein Gefühl der Leichtigkeit, ohne vorher mit anderen Teilnehmern darüber gesprochen zu haben. Das heißt, sie hatten alle den Wunsch, sich so leicht wie eine Feder zu fühlen in Bezug auf das angestrebte Ziel.

Frage- und Antwort-Mysterium

Vor einigen Jahren machten wir die Bekanntschaft mit dem »Frage-und-Antwort-Mysterium«. Da uns bekannt war, dass uns Gedanken auch geschickt werden können, unternahmen wir einige Versuche dahingehend und stellten während einer Heilsitzung Fragen. Ich erinnere mich noch gut an meine erste Frage, die ich ans Universum und an die Engel stellte. Ich gab einer Frau mittleren Alters eine Heilanwendung in unserer Praxis. Meine Frage lautete: Wo benötigt sie Heilung? Die Antwort kam mit dem ersten Gedanken, der auftauchte. Sie lautete: Abtreibung. Ich war im ersten Moment so verwirrt, dass ich dachte, das kannst du der Frau doch nicht sagen. Was ist, wenn es nicht stimmt? Aber ich fasste allen Mut zusammen und fragte die Dame doch nach einem Zusammenhang in Bezug auf das Wort »Abtreibung«. Sie meinte, woher ich das denn wüsste, es wäre tatsächlich ein sehr einschneidendes Erlebnis in ihrem Leben gewesen, über das sie bis jetzt noch nicht hinweggekommen wäre und für das sie dringend Heilung benötigte. Nun, als ich die Bestätigung hatte und richtig lag mit dem Ergebnis, wurde ich in dieser Angelegenheit vertrauter. Fortan übte ich mit dieser Möglichkeit, sooft es ging.

Stellen Sie keine Fragen an Ihre Mitmenschen, wenn es um wichtige Entscheidungen in Ihrem Leben geht. Stellen

Sie diese Fragen zuerst dem Universum und den Geistwesen, die uns begleiten. Bitte überzeugen Sie sich selbst davon.

Wenn ich bei wichtigen Entscheidungen in meinem Leben nur Fragen an andere Menschen stelle, werde ich immer die Vielfalt der verschieden Antworten bekommen, die in den Gedanken der anderen Menschen herrscht. Wenn ich aber auf meine innere Stimme vertraue, kann ich alle entscheidenden Fragen auch selber beantworten. Gehen Sie immer davon aus, dass die erste Antwort, die sich in Ihren Gedanken nach Ihrer Frage bemerkbar macht, auch die richtige ist. Zweifeln Sie nicht und warten Sie nicht auf die zweite oder dritte Antwort, denn die sind meistens irreführend und zweifelnder Natur.

Umso öfter Sie auf diese Stimme hören, die sich sehr leise und angenehm bemerkbar macht, umso besser werden Sie sich fühlen. Und Sie werden ihr Leben so gestalten, wie Ihre Seele es gern hätte und nicht, wie andere Menschen es von Ihnen erwarten.

Die Macht unserer Überzeugungen

»Man sieht nur mit dem Herzen gut. Das Wesentliche ist für die Augen unsichtbar.«

Antoine de Saint-Exupéry (1900–1944), französischer Schriftsteller

In diesem Kapitel lernen Sie Überzeugungen, die zum größten Teil unseren Alltag bestimmen, zu transformieren. Ein Glaubenssatz ist eine innere Überzeugung, der in der Vergangenheit durch Erfahrungen entstanden ist. Die positiven und förderlichen Glaubenssätze sind uns zumeist deutlich bewusst, wie etwa: »Bewegung fördert die Gesundheit.« Wenn das nicht nur so dahingesagt wurde, sondern ernst gemeint und aus einer tiefen inneren Überzeugung kommt, wird dieser Mensch tatsächlich durch Bewegung seine Gesundheit fördern. Die positiven Glaubenssätze können uns Kraft und Gesundheit geben.

Beispiele dafür sind:

- Ich mag mich mit all meinen Stärken und Schwächen.
- Ich schaffe es.
- Ich darf auch Fehler machen.
- Arbeit macht Freude

und so weiter.

Negative oder hinderliche Glaubenssätze hingegen können uns blockieren und sogar krank machen. So können beispielsweise ärgerliche Gedanken oder Stress Verspannungen und Disharmonie im Körper verursachen.

Glaubenssätze wie:

- Ich muss perfekt sein.
- Ich schaffe das nicht.
- Nur wenn es anderen gut geht, darf es mir auch gut gehen.
- Arbeit ist anstrengend und kraftraubend.

Diese negativen Glaubenssätze können uns schwächen und uns viel von unserer guten Energie rauben. Sie können uns aber genauso gut Sicherheit und Stärke geben. Nicht allein die Realität beeinflusst uns, sondern auch unsere Glaubenssätze, die tief in unserem Unterbewusstsein konditioniert sind. Es sind in der Regel anerzogene oder auch selbst erfahrene Prägungen der Vergangenheit, die uns vermitteln, was über die Welt da draußen wahr ist und was nicht. Diese Programme im Unterbewusstsein gehen dann als direkte Befehle an unser Nervensystem und dementsprechend verhalten und fühlen wir uns auch.

Blockierende Überzeugungen, die uns in unserer Entwicklung stören und damit im Weg stehen, können Sie ganz einfach durch die 2-Punkt-Methode transformieren. Nur weil Sie etwas glauben, muss es nicht auch wahr sein.

Am besten, Sie überzeugen sich von all den Dingen, denn dann haben wir eine neue Überzeugung; das heißt, wir haben uns wirklich selbst davon überzeugt, was wahr ist und was nicht. Für das, was wir empfinden, sind letztendlich unsere Überzeugungen mitverantwortlich. Egal woran wir glauben, wir ziehen das in unser Leben, wovon wir innerlich und meist unbewusst überzeugt sind. Was wir glauben, wird wahr. Das heißt aber auch, dass unsere unbewusst gelebten Wahrheitsmuster, egal ob wir sie mögen oder nicht, auch Auswirkungen auf unser Leben haben können.

Es muss aber nicht alles wahr sein, nur weil wir es glauben. Man spricht ja auch von Glaubens- und nicht von Wahrheitsmustern.

An diesem Punkt können wir mit der 2-Punkt-Methode, die in Teil 2 erklärt wird, ansetzen und die hinderlichen Glaubenssätze, die sich in unserem Unterbewusstsein gefestigt haben, bearbeiten. Denken Sie zuerst an einen alten Glaubenssatz, der bei Ihnen ein bestimmtes Gefühl hervorruft, »pointen« (eine Anwendung mit der 2-Punkt-Methode) Sie ihn so lange, bis sich das Gefühl zum Guten verändert hat. Und jetzt denken Sie an einen neuen passenden Glaubenssatz, der den alten ersetzen kann. Auch den pointen wir, bis sich ein für uns stimmiges Gefühl einstellt. Machen Sie das einige Male, bis sich ein neues positives Gefühl eingestellt hat, zu einem für uns passenden Glaubenssatz.

Starke Überzeugungen verändern auch die Materie um uns herum. Wir sind somit Schöpfer, aber wir können nur das erschaffen, was wir in unserem Herzen glauben und wovon wir innerlich wirklich überzeugt sind. Denn nur aus unserem Herzen heraus haben wir das »Zeug«, die Welt zum Positiven zu verändern.

TEIL 2

Quantenphysik und Quantenheilung

»Und so sage ich nach meinen Erforschungen des Atoms dieses: Es gibt keine Materie an sich.«

Max Planck (1858–1947), deutscher Physiker

In unserer Zeit, in der uns Geschehen aus den entferntesten Ländern durch die Massenmedien in Schrift, Ton und Bild mit größter Geschwindigkeit mitgeteilt werden und die Menschen stets neue technische Fortschritte bewundern können, wissen nur wenige, dass ein Phänomen entdeckt wurde, das Verwunderung auslöste und auch zum Nachdenken anregte. Das Eigenartige daran ist, dass seine Entdeckung über hundert Jahre zurückliegt und in dieser langen Zeit nur relativ wenige davon Kenntnis erhalten haben. Das hatte wahrscheinlich einen bestimmten Grund. In neuerer Zeit haben sich aber die Voraussetzungen für eine weitere Verbreitung durch den allgemeinen Bewusstseinswandel grundlegend geändert.

Da die Quantenheilung in vielen Bereichen von der Quantenphysik abzuleiten ist, möchten wir Ihnen etwas darüber erzählen. Damit Sie verstehen, auf welcher Basis die Quantenheilung beruht.

Machen Sie sich bitte bewusst, dass Heilung auf geistigem Weg nicht nur als Kraft von außen auf Sie zukommt, sondern dass auch wir eine Art Heilkraft in uns haben, die wir uns zunutze machen können. Diese universelle Kraft, diese »Vis Vitalis«, die wir zum Heilen brauchen, ist, wie oben beschrieben, auch in uns und nicht nur um uns herum.

Die Wissenschaft weiß es schon lange, nämlich seit ungefähr hundert Jahren, dass Materie, wie wir sie sehen, nicht existiert. Selbst die Urvölker in Indien sagten schon vor sechstausendfünfhundert Jahren: Materie ist eine Illusion. Da kann ein persönliches Weltbild schnell mal ins Wanken geraten. So etwas ist uns nie vermittelt worden, werden viele jetzt sagen, weder von der Familie, noch aus den Nachrichten, auch nicht von der Kirche oder von sonst jemandem. Keiner hat uns bisher davon erzählt. Aber es wird noch spannender.

Die Quantenphysik hat auf der Suche nach dem kleinsten Teil der Materie festgestellt, dass der kleinste Teil der Materie, also das Atom, zu 99,9999 Prozent aus leerem Raum besteht. Wenn wir unseren Körper anschauen, dann wird uns das gar nicht bewusst, glauben wir also der Theorie einfach mal. Diese Leere, die da im Atom ist, ist aber gar nicht so leer, wie man zuerst glaubte. Anfangs dachte man, es sei nur ein leerer Raum, aber es ist entgegen aller Forschungen, die man bisher machte, ein Raum mit Energien, also voller Kräfte. Daraus folgt: Wenn wir unseren Körper zusammenschrumpfen lassen würden auf Atomkerne, ohne diesen Raum dazwischen, nur mal so in der Vorstellung, dann wären wir nur ein winzig kleiner Teil Materie, wahrscheinlich kaum sichtbar. Unglaublich für den Verstand, der sich jetzt wahrscheinlich meldet und behauptet: »Das kann doch gar nicht wahr sein.«

Nachdem man aber diese übrig gebliebene Materie weiter unter die Lupe genommen hat und die Protonen und Neutronen noch einmal untersucht und wieder geteilt hat, entdeckte man noch kleinere Teilchen: die »Quarks« und »Quanten«. Diese »Quanten« (kleinste, bisher messbare Teilchen) haben sich aber wiederum absolut nicht so verhalten, wie die Wissenschaft es anfangs dachte. Sie haben sich überhaupt nicht nach den Gesetzen von Raum und Zeit, wie wir sie kennen, verhalten. Nachdem sich die Quanten also nicht so verhalten haben wie die Wissenschaft glaubte, und sie die Gesetzmäßigkeiten von Raum und Zeit außer Acht ließen, wurde man nachdenklich. Man vermutete eine Art Intelligenz in den Quanten, also dass sie reagieren, weil wir sie beobachten. Was ist das für eine Intelligenz und wer hat sie ihnen gegeben?

Es wird noch besser. Diese Quanten haben sich das eine Mal wie Partikel und das andere Mal wie Energiewellen verhalten, je nachdem, wie wir als Mensch sie betrachten – so als würden diese Quanten wissen, was wir sehen wollen.

Reicht das schon fürs Quanten-Mysterium? Was heißt das in der Praxis, um wieder zum Thema »Heilung durch Bewusstsein« zurückzukommen?

Wir sind somit in der Lage, nur durch unser Bewusstsein die Realität, also »Materie«, zu verändern. Das genau ist der Ansatz der Quantenheilung, um mit der 2-Punkt-Methode die gewünschte Transformation mittels einer vorangestellten Absicht in unserem Bewusstsein zu erzielen. Aber dazu später noch mehr.

Nach vielen ähnlichen Experimenten geschah immer wieder das Gleiche und man musste letztendlich akzeptieren, dass die Quanten auf unser Bewusstsein reagierten. Übersetzt heißt das: Die Wissenschaft behauptet, dass es Materie nur gibt, weil wir sie sehen, bzw. weil wir denken, sie zu sehen.

Ebenso ist die Quantenwissenschaft einer Meinung, dass unser Körper nur ein Ausdruck unserer geistigen Realität ist und nur durch das Bewusstsein und unsere Seele zusammengehalten wird. Also alle behaupten das Gleiche, und wenn alle das Gleiche behaupten, können wir auch »Heilung auf geistigem Weg« akzeptieren.

Geistheilung ist nichts anderes, als sich auf die geistige Ebene zu begeben, um dort ein Ungleichgewicht, also die Energieblockaden, mittels schöpferischer Energie wieder zum Fließen zu bringen. Und wenn wir das tun, dann muss automatisch der Körper, der ja auch ein Ausdruck dieser geistigen Energie ist, nachziehen. Alles, was fest und alles, was Körper ist, ist letztendlich ebenfalls Ausdruck eines geistigen Prozesses. Und dieser geistige Prozess ist jenseits von Raum und Zeit, das heißt, dass alles miteinander verbunden ist.

Mit diesem Phänomen, dass alles miteinander verbunden ist, hat wahrscheinlich der eine oder andere von Ihnen schon einmal auf irgendeine Art und Weise Bekanntschaft machen dürfen. Ich denke zum Beispiel an eine bestimmte Person und im selben Moment bekommt diese Person den gleichen Impuls und denkt an mich. Wenn also alles miteinander verbunden ist, dann kann auch Fernheilung funktionieren. Somit haben jeder Gedanke und jedes Wort, die nichts anderes sind als reine Energie, bestimmte Auswirkungen auf unser Energiefeld und damit auch auf unser Wohlbefinden.

Die göttliche Matrix

»Eine neue Art denken ist notwendig, wenn die Menschheit weiterleben will.«

Albert Einstein (1879–1955), deutscher Physiker

Bei der Matrix – Rupert Sheldrake (Biologe und Autor) nennt es auch morphogenetische Felder oder, wie der deutsche Physiker und Mathematiker Hartmut Müller erklärt: das globale Hintergrundfeld nach global Scaling – handelt es sich auf jeden Fall nicht um ein geschlossenes System. Es ist ein interaktives Energiefeld, das sich kontinuierlich mit uns weiterentwickelt und sich immer wieder verändert, je nachdem, ob neue Informationen hineingegeben werden oder etwas an Information herausgenommen wird. Unsere Gedanken, Überzeugungen, Glaubenssätze, Emotionen sowie Worte und auch unsere Taten bilden Energiefelder, die entweder stärkend und fördernd oder schwächend und hemmend für uns sein können und sich so auch in die Matrix als Information einflechten und gespeichert werden. Alles Wissen um uns Menschen, der Erde und des gesamten Kosmos ist in dieser Matrix abgespeichert. Wenn wir daran denken, haben wir auch die Möglichkeit, uns alle Informationen aus der Matrix zu nehmen, die wir gerade in dem Augenblick für unser Leben benötigen.

Übrigens gibt es ein Gleichnis, das Sie sicher schon einmal gehört haben, die kosmischen Gesetze (Gottes Ordnung), eines der sieben kosmischen Gesetze bzw. Prinzipien nach Hermes Trismegistos: Wie innen – so außen, wie außen – so innen. Das gesamte allumfassende Wissen ist nicht nur in der Matrix, sondern, laut unserer Wissenschaft, auch in unserem Unterbewusstsein abgespeichert. Bereits Henri-Louis Bergson (französischer Philosoph und Nobelpreisträger für Literatur 1927) zitierte es schon in einer anderen Form. Und somit ist der Geist die Matrix der gesamten Materie.

Auf was wir eigentlich hinauswollen ist, dass Sie die spielerische Leichtigkeit des Lebens wiedererlangen sollen; damit wir das tun, was wir für richtig halten, egal ob es uns möglich erscheint oder nicht. Nur unsere eigene eingeschränkte Sichtweise der Dinge vermittelt uns, dass vieles nicht möglich sei. Lassen Sie das Denken einmal außen vor, gehen Sie nach Ihrer Intuition. Nur danach, was sich nach Ihrer Meinung gut und leicht anfühlt, nur das hat auch die »Möglichkeit«, sich zu realisieren, egal was Ihnen Ihr Verstand rät. Wir denken an das Beispiel der Frau, die sich das »Modul« von Albert Einstein aus der »Matrix« geladen hat, um ihrem Sohn die Informationen zu geben, die er für seine Prüfung brauchte. Sie sind derjenige, der alles möglich machen kann. Der Fantasie sind da keine Grenzen gesetzt. Das Wichtigste ist, dass wir anfangen, etwas zu tun, um so an das zu kommen, was wir uns wünschen, auch wenn es für unseren Verstand noch so banal klingt. Es kommt nicht auf eine bestimmte Methode an, kreieren Sie Ihre eigenen Methoden und setzen Sie Ihr Vertrauen in das Geschehen mit ein. Mit der 2-Punkt-Methode haben Sie alle Möglichkeiten, die es gibt.

Die 2-Punkt-Methode

»Die Transformation der Welt kommt, wenn wir uns selbst ändern.«

Jiddu Krishnamurti (1895–1986), indischer Philosoph

Zuerst möchten wir Ihnen eine wahre Geschichte aus den USA erzählen, damit Sie einen Eindruck bekommen, wie die »2-Punkt-Methode« bei Neugeborenen wirken kann. In ihrem ersten Lebensabschnitt handeln Neugeborene nur aus ihrem Gefühl heraus.

In einer Klinik hatte man Zwillinge nach ihrer Frühgeburt, nach Vorschrift, in zwei getrennte Bettchen gelegt. Als es einem von den beiden zusehends schlechter ging und die lebensnotwendigen Funktionen im Körper stark gefährdet waren, handelte eine Krankenschwester entgegen den Regeln und legte den schwächeren Zwilling neben sein gesundes Brüderchen. Gesagt, getan, sobald beide wieder beieinanderlagen, legte der lebensstärkere Zwilling seinem kranken Brüderchen die Hand auf die Schulter und zusehends besserte sich dessen Zustand, bis er sich schließlich wieder bis zur Normalität stabilisiert hatte.

Der Unterschied der Quantenheilung zu anderen Heiltechniken besteht darin, dass sich der Fokus ganz auf die »Licht- und Informationsebene« (die Seelenebene) oder, wie es die Quantenphysik nennt, die »Quantenebene« eines Körper-

Geist-Systems richtet. Sie sollten bei dieser Methode auch wissen, dass nicht wir heilen, sondern »Es« heilt, die göttliche Kraft aus dem reinen Bewusstsein heraus. Unser Körper, ein kleines Kraftwerk mit circa achtzig Billionen Zellen, die jede für sich circa 1,4 Volt erzeugt, lässt uns vermuten, dass wir bisher nur einen Bruchteil unserer wahren Energie eingesetzt haben. Würden wir diese Energie bündeln und weitergeben, wären wir zu viel größeren Dingen imstande, wahrscheinlich sogar bis hin zur Stromversorgung einer Kleinstadt.

Verschiedene Ebenen, auf der Heilung grundsätzlich ansetzen kann

Auf der materiellen Ebene setzt die Schulmedizin an, beispielsweise wird bei einer Operation etwas entfernt, hinzugefügt oder wieder zusammengefügt. Auf der Ebene der Moleküle, also im Bereich chemischer Prozesse durch Pharmazie, kann sich bereits eine höhere Energie entfalten. Dann kommt die Ebene der Atome, hier kommen wir mit Energieformen der Homöophatie in Kontakt. Die Wirkung wird energiereicher, weil wir wieder in eine feinere Ebene kommen. Im subatomaren Bereich ist eine noch höhere Dichte von Energie zu finden.

Im Bereich der Energiewellen wird das Ganze wiederum intensiver. Dort arbeiten wir sehr erfolgreich mit Methoden der Energieheilung, wie der spirituellen Heilung. Auf dieser Ebene kann man bereits die Wirkung von Gedanken und Gefühlen verdeutlichen. Danach kommt das Nullpunktfeld, das ist der Bereich der Lebenskraft – Chi, Prana oder auch »Vis Vitalis« genannt.

Die Bewusstseinstransformation setzt auf der Informationsebene, auch Seelenebene genannt, an. Das Bewusstsein setzt hier den Impuls zur Veränderung.

»Quantenheilung« beginnt auf der Informationsebene, es ist also auch eine Form von »Energie-Heilung«. Entscheidend ist der Bewusstseinszustand, in den wir uns begeben, und nicht die Technik an sich. Auf jeden Fall sind es die fehlenden Informationen in unserem Energie- und Informationsfeld, die zu Funktionsverlusten und somit zur Disharmonie in Bezug auf unsere Gesundheit führen können.

Der Stress in der Außenwelt beruht auf unseren eigenen Denkmustern und Gedanken. Allein schon diese Erkenntnis führt bei vielen Menschen zu einer spürbaren Erleichterung, da sie nun erkennen, dass nicht die Außenwelt, sondern sie selbst ihre Gefühle steuern können. Erst mit dieser Erkenntnis kann die Verantwortung für das eigene Denken und Tun übernommen werden.

Das Geheimnis der Quantenheilung zeigt, dass es ein ganz natürlicher Teil des Bewusstseins ist, der jedem Menschen innewohnt, und dieses Potenzial ist völlig unabhängig von Ausbildung, aktueller Lebenssituation, Gesundheitszustand oder Glaubensrichtung. Die Prinzipien der Bewusstseinstransformation sind Teil universeller Gesetze, die zwar von immer mehr Menschen entdeckt werden, die jedoch schon immer die Gestaltung unseres Lebens beeinflusst haben. Wir leben in Wirklichkeit in einem ewigen »Jetzt« und haben jederzeit Zugang zu jedem beliebigen Punkt in »Vergangenheit«, »Zukunft« und »Gegenwart«, auch diese Tatsache ist ein Teil des Geheimnisses rund um die Quantenphysik.

Das Wohlbefinden ist somit weniger eine Frage des körperlichen Zustands, natürlich immer auch abhängig von gewissen Faktoren wie dem Essverhalten, unserer Bewegung oder gewisser Umwelteinflüsse, sondern es wird eher von unserem Bewusstseinszustand beeinflusst. Da Bewusstsein jeden Aspekt unseres Wesens erfüllt und demzufolge auch unseren Geist durchdringt, formt es auch unsere eigene Persönlichkeit und die damit verbundene, für uns wahrgenommene Realität.

Energie gibt es faktisch nur in zwei Zustandsformen: fließende oder stagnierende – wie die Quantenphysik sie beschreibt: Welle oder Partikel. Wir sind also laut der Quantenphysik gesund, wenn Energie im Fluss ist, und krank, wenn Energie blockiert ist.

Eine der einfachsten »Heilmethoden«, die wir kennenlernen durften, ist die nachweislich schon seit Jahrtausenden praktizierte 2-Punkt-Methode.

Diese schon von Urvölkern angewandte Methode transformiert unsere Energieblockaden durch das bewusste Verbinden zweier Punkte am Körper. Das wirkt beim Menschen genauso wie bei Tieren und allen anderen Dingen auf Erden, die Heilung brauchen, da ja alles Sichtbare immer aus demselben »göttlichen Stoff« besteht, nämlich den »Quanten«. Der Anwender verbindet sich im Moment der Anwendung mit der Informationsebene, also der reinen Bewusstseinsebene. Er formuliert seine gewünschte Absicht zu einem körperlichen, emotionalen oder zu einem Thema wie Geld, Beruf, Beziehungen usw. Alles an Blockaden, die sich uns in einer beliebigen Art und Weise zeigen, können wir mit der 2-Punkt-Methode transformieren, also verändern.

Sobald wir die zwei miteinander korrespondierenden Punkte gefunden haben (zum Beispiel mittels unserer beiden Hände), wird die Energieblockade aufgelöst und die Energie kann wieder ungehindert fließen. Wir erschaffen uns so eine für uns neue stimmige Realität durch neue Informationen mittels Bewusstsein in unserem Energiefeld. Die 2-Punkt-Methode ist jedoch keine klassische Energiearbeit, sondern sie funktioniert primär auf der Bewusstseinsebene.

Der Anwender stellt sich nur als eine Art Impulsgeber zur Verfügung. Sie brauchen noch nicht einmal mit irgendwelchen Energien zu jonglieren. Man braucht auch keinerlei Vorkenntnisse, geschweige denn das Problem des Gegenübers zu kennen, um diese leicht erlernbare Methode anzuwenden. Sie haben auf den folgenden Seiten die Möglichkeit, sich persönlich davon zu überzeugen.

Durch diese neue »Hilfe zur Selbsthilfe«-Methode entsteht eine befreiende Unabhängigkeit, eigenverantwortlich seinen Teil zur eigenen Gesundheit beizutragen.

- Die Methode funktioniert jenseits von Überzeugungen.
- Sie »heilt« aus dem reinen Bewusstsein heraus.
- Sie transformiert die alte Realität in eine »neue« im Augenblick der Anwendung.

Die 2-Punkt-Methode bringt Ordnung und Harmonie in Ihr Energiefeld. Daher ist die 2-Punkt-Methode ein wunderbares »Werkzeug«, um auf sanfte und natürliche Art und Weise beim Empfänger die Selbstheilung mittels eines Impulses aus dem Bewusstsein wieder anzukurbeln. Die 2-Punkt-Methode wird wahrscheinlich schon seit Menschengedenken angewendet und wir glauben, dass wir damit jedem Menschen eine leichte, einfache und für jeden anzuwendende Heilmethode an die Hand geben können. Je öfter Sie sich mit dieser Methode befassen und sie anwenden, desto schneller werden Sie Ihr Leben wieder ins Lot bringen können. Sie bekommen mit dieser Technik eine reale Möglichkeit, Ihr Leben durch bewusste Lenkung mittels Bewusstseinsimpuls zu einem erfüllten Leben zu transformieren.

Seien Sie spielerisch und erfinderisch wie Kinder und der Erfolg wird sich früher oder später einstellen. Haben Sie Spaß dabei, es darf und soll Freude bereiten. Das Schöne daran ist, Sie dürfen die Anwendung sooft durchführen, wie Sie möchten und es Ihnen Spaß macht. Eine Überdosierung gibt es nicht. Üben Sie, sooft Sie die Möglichkeiten dazu haben. Gehen Sie immer nach Ihrer Intuition und Sie werden das Richtige tun.

Es kann passieren, dass Sie bei einer Anwendung an Ihren Kopfschmerzen eventuell keine Besserung erfahren, weil sich zuerst im Außen etwas verändern muss. Zum Beispiel muss erst eine Beziehung harmonischer werden, bevor die Linderung Ihrer eigentlichen Schmerzen erreicht werden kann. Wir kennen oft nicht die Zusammenhänge der Belastungen und Disharmonien im Innen und Außen zueinander.

Prävention, das heißt Vorbeugung, ist auch hier sehr ratsam und eine gute Möglichkeit, nicht erst dann eine Anwendung zu geben, wenn ein Leiden oder eine Unordnung im Körper sich schon bemerkbar gemacht hat. Die ein bis zwei Minuten pro Tag kann jeder aufbringen, um »Unordnungen« nicht erst entstehen zu lassen.

Serge Kahili King, ein bekannter Buchautor, meinte zu dieser Methode: »Ich denke, es gehört zum Nützlichsten, was ich je gelernt habe oder selbst lehre.« Die Quantenphysik bestätigt, was uns die Weisen aller Zeiten schon immer gesagt haben: Es gibt keine von uns unabhängige statische äußere Welt, mit der wir interagieren, sondern jeder von uns lebt in einem von uns selbst projizierten Hologramm. Das bedeutet, dass durch die holografische Struktur des Universums alles in jedem kleinsten Teil vorhanden ist, was auch die Quantentheorie bestätigt.

Regeln im Universum

- Bewusstsein erschafft die Realität unseres Universums.
- Bewusstsein und Energie sind untrennbar.
- Energie kann weder erschaffen noch gelöscht, sie kann nur verändert werden (fließen oder stagnieren).
- Energie ist ein Informationsträger.
- Wir leben in einem energetischen Universum.
- Alles im Universum ist miteinander verbunden.
- Unsere Außenwelt ist der Spiegel unserer Innenwelt und umgekehrt.

Bauplan des Lebens

Alles in der materiellen Welt, ganz gleich, ob es sich um Gegenstände oder Lebewesen handelt, besitzt einen Bauplan oder auch »Blaupause«, wie es die Quantenphysiker nennen. Auch für unseren menschlichen Körper gibt es so ein

Fertigungsprogramm. Bereits in der ersten Zelle sind sowohl der Bauplan wie auch der Ablaufplan vorhanden. Ebenso ist auf der energetischen Ebene bereits alles vorhanden, und zwar so, wie es von der göttlichen Seite (der göttlichen Matrix) vorgesehen ist. Diese Blaupause ist eine Art Computerprogramm von höchster Stelle, das wir bewusst durch die »Quantenheilung« wieder in eine Art »Urzustand« transformieren können, um Ordnung in unser Energiefeld zu bekommen.

Die Anwendung der Bewusstseinstransformation (auch Quantenheilung genannt)

Sie können im Liegen, Sitzen oder Stehen mit der 2-Punkt-Methode arbeiten. Im Stehen haben wir allerdings den Vorteil, dass wir sehen können, wie sich die Energie während einer Anwendung über den Körper zum Ausdruck bringt, sei es über Emotionen oder durch Vibrieren, Zittern, Sich-schütteln oder auch durch drehende Bewegungen, bis zum Hin- und Herschaukeln des Körpers und einigen anderen Reaktionen, die bei jedem unterschiedlich und anders ausfallen können. Bleiben Sie immer im Vertrauen, dass alles, was sich bei Ihnen bemerkbar macht, auch in Ordnung ist. Denn wenn wir sehen, dass der Körper reagiert, egal wie, können wir uns aus dem Geschehen auch schon herausnehmen, da der Impuls sich in dem Moment bereits im Energiefeld des Empfängers befindet und arbeitet. Bevor Sie eine Anwendung geben, fragen Sie immer, ob derjenige auch eine Anwendung haben möchte. Wir sollten den freien Willen der Menschen achten, auch wenn es ein Bekannter von Ihnen ist.

Der praktische Ablauf

Bevor Sie anfangen, bitten Sie um Schutz und verbinden Sie sich bewusst mit unserer Mutter Erde. Zum Beispiel über unsere Füße durch Wurzeln, die wir visualisieren und die Richtung Erdmittelpunkt wachsen. Nun fragen wir den Empfänger nach seinem Thema, das er gerne bearbeiten und transformieren möchte.

Grundsätzlich unterscheiden wir vier Themenbereiche:

- das Thema Körper,
- das Thema Emotionen,
- ein Lebensthema, wie zum Beispiel Beziehungen, Geldfluss, ein berufliches Thema und
- die Lebenssituationen, wie etwa ein besseres Verhältnis zum Chef.

Hat der Empfänger sich für ein Thema entschieden, dann sollte seine Absicht nicht als Wunsch formuliert werden, da Wünsche wiederum ein Gefühl von Mangel hervorrufen können. Formulieren Sie sein Thema zu einem positiv formulierten »Gebilde« um, in dem jedes Wort positiv ist.

Hier ein paar Beispiele, wie man eine Absicht formulieren kann:

- Ich bitte um einen völlig gesunden Körper.
- Ich bitte um Heilung von …
- Ich bitte um vollkommene Ordnung in einer … Angelegenheit.
- Ich bitte um die vollkommene Fülle in all meinen finanziellen Angelegenheiten.

- Ich bitte um Harmonie mit meinen Mitmenschen.
- Ich bitte um eine Arbeit, die mir Freude und Spaß bereitet.

Dadurch stellt sich der Empfänger kurz das Ereignis vor, so als ob es sich bereits erfüllt hat, und beobachtet dann nur noch seinen Körper.

Im alten Evangelium steht eine Formulierung, die gut zu unserem Thema passen könnte: Bittet und euch wird gegeben. Während ihr bittet, stellt euch bereits vor, dass es sich schon erfüllt hat.

Wir suchen uns nun intuitiv mit der einen Hand einen Punkt am Körper des Empfängers. Dann lassen Sie den zweiten Punkt nach Ihrem Gefühl von Ihrer anderen Hand bestimmen. Dieser Punkt kann auch im Energiefeld des Empfängers liegen, das sich noch einige Meter um die Person herum messen lässt. Aber machen Sie bitte keinen Spagat, ungefähr einen Meter vom Körper entfernt ist in Ordnung.

Berührungspunkte am Körper können sein:

- am Rücken,
- am Hinterkopf,
- an den Schultern,
- am Oberarm,
- am Unterarm,
- der 3., 7. und 8. Halswirbel sind auch sehr gute energetische Punkte.

Natürlich können Sie auch jeden anderen beliebigen Punkt am Körper nehmen, gehen Sie bitte ganz nach Ihrem Gefühl.

Spüren Sie nun erst in die eine Hand und dann in die andere, jetzt nehmen Sie beide Hände wahr. Gehen Sie in einen »gedankenfreien Raum« und es entsteht ein Gefühl des Wohlbefindens. Ihr Mitgefühl (ein Gefühl, die Welt zu sehen, wie und was sie ist, ohne be- oder verurteilend zu sein) und ihre Nächstenliebe verstärken dieses Gefühl. Durch den Impuls, der jetzt aus dem reinen Bewusstsein kommt, beginnt eine Wiederherstellung der aus dem Lot geratenen Energie im System des Empfängers. Wir erschaffen uns dadurch eine Öffnung durch alle energetischen Ebenen des Empfängers, in der die Möglichkeit besteht, tiefgreifende positive Veränderungen zu bewirken.

Das vegetative Nervensystem beruhigt sich sofort und es stellt sich oft auch ein Gefühl von Leichtigkeit beim Empfänger ein. Das Bewusstwerden unseres Herzchakras in der Mitte der Brust kann die Anwendung verstärken. Das heißt, nehmen wir unser Herz sehr bewusst wahr, fließt mehr Energie und der daraus resultierende Impuls verstärkt sich. Schauen Sie während der Anwendung möglichst nicht gezielt auf einen Punkt, sondern richten Sie den Blick ins Leere oder de-fokussieren Sie den Raum zwischen zwei Gegenständen. Sie kennen das sicherlich, wenn jemand zu Ihnen sagt, Sie haben einen träumenden oder durchdringenden Blick, in dem Moment hat der Blick kein konkretes Ziel, auf das er sich richtet.

Sollten jetzt störende Gedanken auftauchen, stellen Sie sich selbst einfach die Frage: Wer schickt mir diese Gedanken? Ihr Verstand ist nicht in der Lage, darauf eine Antwort zu finden und es entsteht eine Gedankenpause, in der das reine Bewusstsein zum Ausdruck kommt. Dass Schöne daran ist, dass Sie nicht mit Ihrem Verstand arbeiten müssen, ja gar nicht dürfen. Sobald Sie aber versuchen zu analysieren, kann es eventuell passieren, dass Sie nicht die gewünschte Intensität erreichen, die Sie gerne hätten. Achten Sie also auf Ihre Gedanken, denn jeder Gedanke hat eine energetische Auswirkung auf das Geschehen.

Reaktionen des Körpers des Empfängers können sein: Kribbeln oder Gänsehaut, Wärme, Kälte, Wanken, Hin- und Herschaukeln, Zucken, Vibrieren, kalter oder warmer Schauer, auch Lachen oder Weinen oder ähnliche emotionale Ausdrücke. Vorherbestimmen lässt sich das nicht, da jeder Mensch anders reagiert. Also seien Sie auf alles gefasst, denn das, was zum Ausdruck kommt, ist eine Reaktion der ordnenden Energie, die sich über den Körper zeigt. Deswegen ist es für den Impulsgeber gut, wenn der Empfänger aufrecht steht, weil der Geber so sofort jegliche Reaktion sichtbar wahrnimmt.

Stellen Sie hinter den Empfänger einen Stuhl oder eine für ihn günstige Sitzgelegenheit bereit, um im Fall des Kippens vorgesorgt zu haben. Es kippt nicht jeder, aber die meisten nehmen die Welle am Körper durch Hin- und Herwanken wahr. Das Bewegen des Körpers sagt uns, dass diese Welle, die auf uns trifft, blockierte Energie wieder in Fluss bringt. Wir haben so die Möglichkeit, die alte, oft unbewusst geschaffene Realität in eine für uns passende neue bewusst gewünschte Realität zu transformieren.

Durch die 2-Punkt-Methode können wir ohne Aufdeckung der Ursachen und ohne lange Gespräche darüber die Dinge bewusst positiv verändern. Auch aus Sicht der Quantenphysik sind körperliche und emotionale Belastungen sowie behindernde Glaubensmuster lediglich Störungen in unserem Energiefeld. Es gibt keine Begrenzungen, Sie können die 2-Punkt-Methode immer und überall anwenden.

Eine Anwendung mit der 2-Punkt-Methode (S. 68–70).

Die Anwendung in Stichpunkten:

- Um Schutz bitten und sich erden – siehe spirituelle Heilung.
- Mitgefühl und Nächstenliebe entgegenbringen.
- Fragen Sie den Empfänger nach seinem Thema, an dem er arbeiten möchte. Er soll es so formulieren, wie er es gerne haben möchte.
- Der Empfänger spürt nur noch in seinen Körper (Körperwahrnehmung).
- Wir suchen uns mit der einen Hand intuitiv einen Punkt am Körper.
- Wir suchen uns mit der anderen Hand intuitiv einen Punkt im Energiefeld.
- Wir spüren in beide Hände hinein.
- Stellen Sie sich vor, dass Ihr Energiefeld mit dem

Energiefeld des Empfängers verschmilzt und unser Körper aus Licht und Information besteht.

- Wir de-fokussieren den Blick zwischen zwei Punkten.
- Wir gehen mit unserer ganzen Aufmerksamkeit in unser Herz.
- Wir denken jetzt an nichts (gedankenfreie Zone).
- Keine Erwartungshaltung, einfach nur »nichts tun«.
- Es kommt ein Gefühl des Wohlbefindens in uns hoch, beispielsweise ein Kribbeln, Gänsehaut oder Ähnliches.
- Meistens reagiert nun auch der Empfänger sichtbar, und wir sehen eine Körperreaktion, zum Beispiel in Form von Wanken, das sich bis zum Kippen äußern kann, oder eine andere körperliche oder auch emotionale Reaktion.
- Wir beenden die Anwendung, nachdem der Impuls sich über den Körper beim Empfänger sichtbar zum Ausdruck gebracht hat.

- Wenn sich nichts Sichtbares einstellt beim Empfänger, dann machen wir mit der Anwendung so lange weiter, wie unsere Intuition es uns vermittelt.

Nach einer Anwendung sollte sich ein Empfänger auf jeden Fall einige Minuten ausruhen und entspannen. So eine Anwendung kann in der Regel noch einige Tage nachwirken und sich weiter »ordnend« im Körper bemerkbar machen.

Wer diese Anwendungen in seiner Praxis ausüben möchte, sollte sich wie bei herkömmlichen Sitzungen bitte die Mühe machen und zuerst mit dem Klienten über seine persönliche Lebenssituation sprechen und ihn fragen, ob er in seinem Leben etwas verändern möchte. Erkennt er selbst eine Unordnung in einem seiner Lebensbereiche? Lassen Sie ihn selbst darauf kommen und fragen Sie ihn, wie er die Angelegenheit, die ihn vielleicht sehr belastet, angehen möchte. Nur wenn er bereit ist, in seinem Leben etwas zu verändern, kann eine Besserung oder Heilung auch nachhaltig wirken.

Lassen Sie ihn ein Thema finden, an dem er gerne arbeitet. Wählen Sie am besten das Thema, das ihm als Erstes in den Sinn kommt, das heißt, sich als Erstes in seinen bewussten Gedanken meldet. Das ist meist das Thema, das auch als Erstes bearbeitet werden möchte.

Eine »2-Punkt-Anwendung« kann in der Regel zwischen ein paar Sekunden, mehreren Minuten bis zu einer Stunde in mehreren Etappen dauern, gehen Sie auch da wieder nach Ihrer Intuition, Ihrem Gefühl, wann es reicht. Wenn der Klient eine Wiederholung möchte, wird er es Ihnen sagen. Lassen Sie immer den Empfänger entscheiden, ob er eine weitere Anwendung haben möchte oder nicht. Fragen Sie ihn bitte nicht ständig, ob sein Zustand schon besser geworden ist. Er wird es sagen, wenn er es möchte. Was Sie fragen können, ist, ob er etwas gespürt hat, vielleicht eine Leichtigkeit oder ein Wohlgefühl, das sich eingestellt hat oder vielleicht auch nur eine Ruhe in sich.

Nehmen Sie nur ein Thema pro Tag, dann ist die Intensität für das bearbeitete Thema größer. Spürt der Empfänger zunächst nichts, kann es durchaus sein, dass sich die Veränderung zuerst bei einem anderen Thema auswirkt, bevor sie sich an dem eigentlichen Thema bemerkbar macht. Manchmal machen sich Veränderungen auch erst nach einigen Anwendungen bemerkbar, da jeder Mensch anders reagiert. Sollte sich absolut nichts verändern, so wählen Sie einen anderen Zeitpunkt für die Anwendung aus. Kommt ein sehr unruhiger oder nervöser Klient zu Ihnen, lassen Sie ihn zuerst zur Ruhe kommen, oder machen Sie mit ihm eine kurze geführte Meditation, ehe Sie mit der Anwendung beginnen. Nehmen Sie sich auf jeden Fall Zeit für Ihre Klienten!

Eigenanwendung mit der 2-Punkt-Methode

»Alles, was von Natur ist, trägt etwas Göttliches in sich … Der Nous (Geist) ist der Gott in uns, und menschliches Leben birgt einen Teil eines Gottes in sich …«

Aristoteles (384 v. Chr.–322 v. Chr.), griechischer Philosoph

Mit der 2-Punkt-Methode können Sie sich in jeder Situation, egal wo Sie sich gerade aufhalten oder in welcher Verfassung Sie sind, eine Anwendung an sich selbst ermöglichen. Da diese Methode der Eigenanwendung kein langes Üben und keine lange Vorbereitung benötigt, ist sie bestens spontan für eine Anwendung geeignet.

Auch Sie selber sind in der Lage, aus Ihrem Bewusstsein heraus einen Impuls auszulösen, der für Ordnung in Ihrem Körper und dem Energiefeld um Sie herum (auch bei Lebensthemen) schafft. Gehen Sie bei einer Selbstanwendung immer mit einer Portion Leichtigkeit und Freude an die Sache heran. Sie können nichts falsch machen. Sie geben das Konzept vor.

Haben Sie Selbstvertrauen, denn auch Sie selbst sind in der Lage, ihre Gesundheit eigenverantwortlich in Harmonie zu bringen.

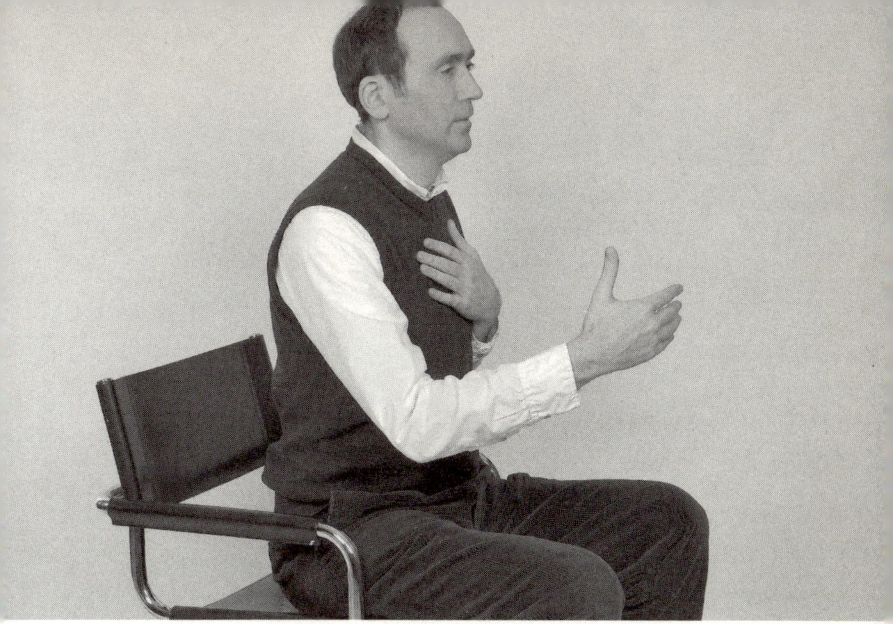

Ablauf einer Eigenanwendung (Seite 73–75)

Anleitung zum praktischen Teil einer Eigenanwendung:

- Formulieren Sie Ihr Thema, zu dem Sie eine Veränderung haben möchten.
- Legen Sie intuitiv eine Hand auf eine Stelle Ihres Körpers (beispielsweise Brust, Oberschenkel, Herz, Bauch).
- Legen Sie die andere Hand auf einen Punkt im Energiefeld Ihres Körpers, circa einen halben Meter von Ihnen entfernt.
- Spüren Sie erst in die eine und dann in die andere Hand.
- Nehmen Sie jetzt beide Hände wahr.
- Gehen Sie ins reine Bewusstsein (gedankenfreie Zone).
- Fühlen Sie nun in Ihr eigenes Herz.

- De-fokussieren Sie Ihren Blick und denken Sie immer daran, dass wir Menschen aus Licht und Informationen bestehen.
- Bewegen Sie nun ganz langsam, wie in Zeitlupe, Ihre andere Hand zum Körper hin, bis sich die Welle aufbaut und sich am Körper bemerkbar macht.
- Falls Sie keine Reaktion am Körper bemerken, gehen Sie nach Ihrem Gefühl, wie lange es dauern soll.
- Sobald Sie etwas wahrnehmen, ist die Anwendung beendet.
- Der Rest wird von diesem ausgelösten Impuls selbst erledigt.

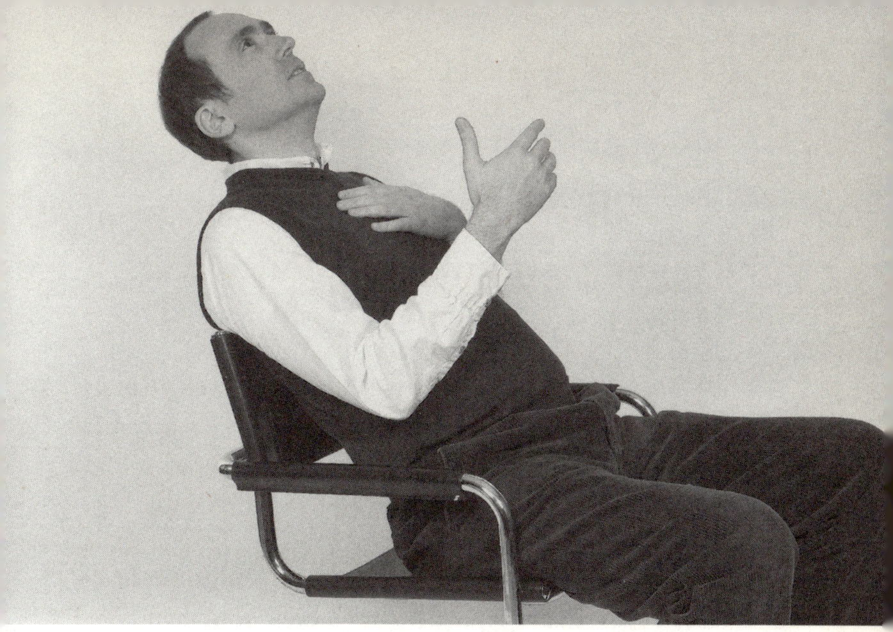

In der Regel arbeitet dieser Impuls noch einige Tage im System weiter. Wir sind nur eine Art Impulsgeber für eine positive Veränderung. Wiederholen Sie es, sooft sie möchten, bis Sie zu einem gewünschten Resultat kommen.

Fernanwendung mit der 2-Punkt-Methode

»Wenn jemand Gesundheit sucht, frage erst, ob er bereit sei, künftig die Ursachen der Krankheit zu meiden. Erst dann darfst Du ihm helfen.«

Sokrates (469 v. Chr.–399 v. Chr.), griechischer Philosoph

Kennen Sie Menschen, die weit entfernt von Ihnen leben, sodass ein Treffen zur Kontaktanwendung umständlich und zeitintensiv wäre, so können Sie auch eine Fernanwendung praktizieren. Da wir alle über das göttliche Feld, die Matrix, miteinander verbunden sind, kann man sich gut vorstellen, dass Anwendungen auch über Entfernungen wirken können. Wir sind zwar der Meinung, dass auf jeden Fall ein persönlicher Kontakt, am besten ein Gespräch, mit der Person wichtig ist, aber das kann ja auch per Telefon stattfinden. Wohnt die Person einfach zu weit weg, bleibt eben nur die Möglichkeit, vorher und nachher zu telefonieren.

Die drei Möglichkeiten der Fernanwendung

1. Im ersten Schritt stellen Sie sich vor, dass heißt visualisieren Sie die Person, um die es geht, sodass sie vor Ihnen steht. In dem Moment, indem Sie an diese Person denken, sind Sie auch schon energetisch mit ihr verbunden. Stellen Sie sich nun vor, sie steht direkt vor Ihnen. Jetzt beginnen

Sie mit der 2-Punkt-Methode, indem Sie eine Hand intuitiv auf einen Punkt des Körpers der Person vor Ihnen legen, genau so, als stünde die Person real vor Ihnen. Dann suchen Sie im zweiten Schritt einen Punkt in Ihrem Energiefeld, circa einen halben Meter von Ihnen entfernt. Führen Sie nun die weiteren Punkte der Methode durch.

2. Holen Sie sich eine Ersatzperson hinzu. Schließen Sie die Augen und stellen Sie sich vor (visualisieren), dass die Person fern von Ihnen jetzt vor Ihnen steht. Dann beginnen Sie mit der 2-Punkt-Methode wie bisher beschrieben. Sie können es auch mit einem Foto der Person versuchen. Haben Sie Schwierigkeiten mit der Ersatzperson, versuchen Sie es doch einmal mit einem »Surrogat«, also einem Ersatz für die Person, das kann ein Stofftier sein oder etwas völlig anderes. Probieren Sie, was Ihnen dabei am besten hilft.

3. Oft genügt es bereits, wenn wir uns nur den Namen oder Vornamen der Person ins Gedächtnis rufen, schon sind Sie mit der Person verbunden. Das machen wir zwei oft bei Fernanwendungen mit spiritueller Heilung. Gehen Sie auch da wieder spielerisch vor; je leichter und selbstverständlicher Sie an die verschiedenen Möglichkeiten einer Fernanwendung herangehen, umso positiver wird die Veränderung sein.

Die 2-Punkt-Methode bei Kindern und Jugendlichen

»Die eine Gottheit verbirgt sich in jedem Lebewesen, dennoch durchdringt Er alles und ist das Innerste Wesen in Allem. … Er ist das Zeugnis ablegende Bewusstsein, formlos und unsterblich.«

Svetasvetar-Upanishad (VI.11) (Wikipedia)

Vor einigen Wochen kam eine Frau aus der Nachbarschaft zu mir und erzählte mir, dass ihre Tochter gerade die Aufnahmeprüfung für eine höhere Schule mache und sie sehr beunruhigt sei, da das Lernverhalten ihrer Tochter doch sehr zu wünschen übrig ließe. Sie habe auch große Ängste, dass ihre Tochter diese Prüfung nicht schaffe und sich damit ihre Zukunft verbauen könne. Ihre Tochter habe den ersten Tag der Prüfung schon mit einem schlechten Gefühl beendet und so gut wie gar nichts gewusst. Kurzum, ich bot ihr meine Hilfe an.

Am nächsten Tag begegnete ich der Tochter und fragte sie, ob ich ihr bei ihren Prüfungen in der Schule auf irgendeine Art und Weise helfen könne. Sie stimmte sofort zu. Ich machte ihr den Vorschlag, ihr gute Energie zu schicken. Sie willigte lachend ein. »Aber wie willst du das machen?«, fragte sie. Ich entgegnete, dass ich ihr gute Gedanken schicken würde, sodass ihr immer die richtigen Antworten zu ihren Prüfungsfragen kommen würden. Ich glaubte, dass sie es schafft und die Prüfung bestehen kann.

Ich machte mich noch am Abend an die Arbeit, eine Anwendung mit der 2-Punkt-Methode für sie über die Ferne zu realisieren. Ich stellte mir die junge Frau im Geiste vor mit der Absicht: Gute Noten für ihre bevorstehende Prüfung.

Ich gab mich keinerlei Gedanken hin, ob es gut ist oder nicht, ob es wirkt oder nicht, oder ob es richtig ist oder nicht. Ich habe es einfach in dem festen Glauben getan, dass ich ihr helfen könne. Oft ist die Absicht, jemandem zu helfen, schon heilsam.

Nach ein paar Tagen begegnete ich ihr, als sie gerade mit dem Fahrrad von der Schule kam. Sie winkte mir schon aus der Ferne zu und meinte, dass sie, trotz eines schlechten ersten Prüfungstages, ab dem zweiten eine wesentliche Verbesserung in ihrer Leistung und ihrem Gedächtnis in Bezug auf die Prüfungsfragen bemerkt hatte. Es hatte sich ein gutes Gefühl bei ihr bemerkbar gemacht und Hoffnung war wieder ein wichtiger »Begleiter« während der restlichen Prüfungen.

Letztendlich bestand sie die Aufnahmeprüfung in die neue Schule und war sehr glücklich und dankbar für die Hilfe, die ihr zuteil wurde.

Das ist ein gutes Beispiel dafür, dass es wichtig, ist unseren Mitmenschen zu helfen; um das Erlernte nicht nur für sich anzuwenden, sondern immer auch im Mitgefühl für andere Menschen zu sein.

Mit der 2-Punkt-Methode haben Sie viele Möglichkeiten, Ihren Mitmenschen in jeglicher Hinsicht zu helfen und sie zu unterstützen. Mit einer Portion Mitgefühl und Aufmerksamkeit erreichen wir einen wichtigen Beitrag zu einem besseren »Miteinander«.

Hilfestellung mit der 2-Punkt-Methode

»Die übliche Teilung der Welt in Subjekt und Objekt, Innenwelt und Außenwelt, Körper und Seele ist nicht mehr angebracht.«

Werner Heisenberg (1901–1976), deutscher Physiker

Monika war unterwegs, um für uns Vorträge zu organisieren. Als sie an einer Buchhandlung vorbeikam, entschied sie sich spontan, in den Laden zu gehen. Bald schon stand eine Buchhändlerin vor ihr und fragte, ob sie helfen könne. Monika erwähnte ihr Anliegen und so kamen sie gleich ins Gespräch, ob Interesse an einem Vortrag über Quantenheilung und der 2-Punkt-Methode besteht.

Sie besprachen verschiedene Möglichkeiten für einen Vortrag in der Buchhandlung, als die Verkäuferin sie leise fragte, ob sie etwas gegen ihre Schmerzen tun könnte. Da die Buchhändlerin schon seit Jahren unter starken Beschwerden litt und bereits vieles ausprobiert hatte, suchte sie immer nach einer geeigneten Hilfe in dieser Angelegenheit.

Monika reagierte spontan und bot ihr eine Anwendung mittels der 2-Punkt-Methode an. Sofort willigte die Buchhändlerin ein. Die beiden gingen in einen kleinen Nebenraum des Ladens und Monika fing mit der Anwendung an. Nach ungefähr zehn Minuten intensiver Anwendung war die Sitzung beendet und Monika fragte nach dem neuen

Zustand hinsichtlich ihres Themas, das die Buchhändlerin belastet hatte.

Die Frau war sprachlos und zugleich so begeistert, nachdem gerade ihre jahrelangen Beschwerden wesentlich zurückgegangen waren. Sie konnte gar nicht glauben, was eben geschehen war. Sie bedankte sich von ganzem Herzen und versprach, vielen Menschen von dieser wunderbaren, leicht zu lernenden Methode zu erzählen. Sie hätte so etwas Wunderbares am ganzen Körper noch nicht erlebt, obwohl sie schon seit Jahren immer wieder zu diversen alternativen Heilbehandlungen ginge.

Das Ergebnis unterstützte uns in jeglicher Hinsicht. Es gab uns die Kraft und Stärke zu wissen, dass wir auf dem richtigen Weg sind, um diese Methode so vielen Menschen wie möglich zugänglich zu machen. Danach kamen auch Gesundheits- und Wellness-Zentren auf uns zu, um mit uns Informations- und Erlebnisabende zu kreieren. Mittlerweile sind Gesundheitsorganisationen in allen Bereichen interessiert an dieser Methode der Bewusstseinstransformation. Ebenso kommt Interesse von Ärzten, Heilpraktikern, Therapeuten und anderen Heilberuflern, die den Wunsch haben, diese leicht anwendbare Methode in ihre bestehenden Praktiken zu integrieren.

Wir haben festgestellt, dass mittlerweile viele Menschen bei Themen, die ihre Gesundheit betreffen, umdenken.

Die 2-Punkt-Methode bei Tieren

»Sei Du selbst die Veränderung, die Du Dir wünschst für diese Welt.«

Mahatma Gandhi (1869–1948)

Genauso gut wie bei Menschen funktioniert die 2-Punkt-Methode auch bei Tieren. Die Tiere, unsere Freunde, sind in der Regel sehr dankbar, wenn wir uns bewusst Zeit für sie nehmen und ihnen über die 2-Punkt-Methode unsere Aufmerksamkeit schenken. Wir haben selbst Katzen und einen Hund und machten bisher nur positive Erfahrungen mit der 2-Punkt-Methode bei ihnen.

Geben Sie Ihrem Tier ruhig auch vorbeugend eine Anwendung, um nicht erst bei Krankheiten und Belastungen reagieren zu müssen. Lassen Sie dem Tier die notwendige Zeit, um mit dieser neuen Art der Berührung von Ihnen erst vertraut zu werden. Tiere reagieren immer aus ihrem Instinkt heraus, während wir Menschen meist über unseren Verstand entscheiden.

Wenn Sie merken, das Tier hat keine Lust oder es wirkt sehr unruhig, dann wählen Sie einen anderen Tag. Lassen Sie dem Tier, wenn möglich, seine ganze Freiheit, um bei ihm eine Anwendung durchzuführen.

Bei einer Anwendung legen Sie das Tier auf einen weichen Platz und wenn nötig, beruhigen Sie es, bevor Sie beginnen. Sprechen Sie eine für das Tier geeignete Absicht, zum Beispiel: Ich bitte um die vollständige Heilung für meinen Hund.

Nun suchen Sie zuerst wieder intuitiv einen Punkt am Körper des Tieres für die eine Hand. Der zweite Punkt wird von Ihrer anderen Hand bestimmt, in der Regel im Energiefeld des Tieres oder auch am Körper. Spüren Sie erst in die eine und dann in die andere Hand. Jetzt nehmen Sie beide Hände wahr. Gehen Sie in einen gedankenfreien Raum und schnell entsteht ein Gefühl des Wohlbefindens in Verbindung mit Mitgefühl. Nehmen Sie sich so lange Zeit, wie Ihr Gefühl es Ihnen sagt. Wenn nötig, wiederholen Sie die Anwendung so oft, bis sich eine Reaktion bei dem Tier einstellt. Wenn das Tier genug hat, wird es aufstehen und den Platz verlassen. Haben Sie Mitgefühl mit Ihrem Tier und bitte kein Mitleid. Falls Sie nicht bemerken, wie es Ihrem Tier geht, seien Sie auch jetzt wieder im Vertrauen, dass das Richtige geschehen wird.

Denken Sie daran, Sie sind nur Impulsgeber. Sollte Ihr Tier krank sein, ist die Ansprechstelle Nummer eins immer Ihr Tierarzt des Vertrauens. Sie können mit dieser Art der Heilungstechnik nur unterstützend reagieren. Prognosen und eine gezielte Vorgehensweise überlassen Sie bitte Ihrem Tierarzt.

Wir freuen uns immer darüber, wenn wir sehen, wie unsere Tiere diese Anwendungen genießen. Allein Ihre bedingungslose Liebe zu Ihrem Tier reicht oft schon aus, um eine positive Veränderung bei Ihrem Tier zu bemerken.

Die 2-Punkt-Methode bei der Arbeitsplatzsuche

»Sobald der Geist auf ein Ziel gerichtet ist, kommt ihm vieles entgegen.«

Johann Wolfgang von Goethe (1749–1832)

Auch bei finanziellen Angelegenheiten ist die 2-Punkt-Methode ein interessantes »Instrument«, um die gewünschte Realität in finanzieller und beruflicher Sicht zu erreichen. Viele Menschen glauben an Sätze wie: Ich muss hart arbeiten, um finanziellen Erfolg zu haben. Oder: Geld macht nicht glücklich, Geld verdirbt den Charakter usw. Auch denken viele, dass es reiner Zufall ist, dass einige einen Arbeitsplatz bekommen, der ihnen viel Freude und Spaß bereitet und der dann auch noch mit einem hohen Einkommen verbunden ist.

Wenn Sie sich noch nie bewusst Gedanken gemacht haben, was Sie sich für einen Arbeitsplatz wirklich wünschen, wird es Zeit, sich damit zu beschäftigen. Immerhin verbringen wir mit unserer Arbeit einen Großteil unserer wertvollen Lebenszeit hier auf Erden. Machen Sie sich daher die Mühe und gehen Sie in sich. Hören Sie genau zu, was Ihnen Ihre innere Stimme über die Art der Tätigkeit, die Sie gerne ausüben möchten und an der Sie auch noch Freude haben, zu sagen hat. Legen Sie sich eine klare Richtung fest.

Erst wenn Ihnen ganz klar ist, in welche Richtung Sie beruflich gehen möchten, ist es ratsam, mit der 2-Punkt-

Methode die passenden Veränderungen zu schaffen. Verstärken Sie das Gefühl zur richtigen Arbeitsplatzwahl mit einer Eigenanwendung oder lassen Sie sich von einer Person ihres Vertrauens »pointen«. Sobald Sie eine Leichtigkeit und das passende Wohlgefühl spüren, wird es auch eine positive Veränderung im Außen geben können.

Denken Sie daran, nicht allein unsere formulierte Absicht bringt positive Veränderung, sondern erst das gute Gefühl, das damit in Verbindung gebracht wird. Stellen Sie sich hinsichtlich Ihrer finanziellen Gegebenheiten den Zustand vor, den Sie gerne hätten. Übertreiben Sie aber bitte nicht! Denken Sie daran, dass übertriebene Ansprüche, wie »ich möchte ein Millionär sein«, sich womöglich erst nach Ihrem Ableben in der geistigen Welt realisieren könnten.

Spaß beiseite, hier wieder ein Beispiel von uns. Ich lief einer Bekannten, die ich schon seit einem Jahr nicht mehr gesehen hatte, bei einem Einkaufsbummel in die Arme. Als sie mich sah, war sie froh über das Spontantreffen. Sie strahlte und es sprudelte förmlich aus ihr heraus. Sie erzählte von ihrem Leben, dass es ihr schlecht ginge und sie in allen Lebensbereichen Hilfe benötige. Sie sei umgezogen, in der Hoffnung, endlich eine passende Arbeit zu finden, die sie nun schon seit zwei Jahren ohne Erfolg sucht. Ich lud sie in unsere Praxis ein, um ein intensiveres Gespräch mit ihr zu führen. Sie willigte sofort ein. Sie war sehr betrübt über ihre Situation, denn der Zustand ihrer finanziellen Mittel hatte sich so verschlechtert, dass sie kurz vor der Mittellosigkeit stand.

In der Praxis stellten wir ihr die 2-Punkt-Methode vor und begannen sofort mit der Arbeit. Sie formulierte ihre Absicht zu einem Beruf, der mit Menschen und Pflege zu tun haben sollte, da sie sich gut vorstellen konnte, als Pflegekraft in einem Alten- und Pflegeheim zu arbeiten. Bis ins letzte Detail stand ihr diese Aufgabe vor Augen und ging ganz in ihr Herz. Wir ließen uns Zeit bei der Anwendung und nach ungefähr fünfzehn Minuten war dieses Thema bearbeitet. Wir wiederholten die Anwendung noch zweimal in den nächsten Tagen. Sie spürte danach ein stimmiges Gefühl. Ein Gefühl von Harmonie und Leichtigkeit war entstanden. Sie fühlte sich jetzt sicherer und dachte, bald die richtige Arbeit zu bekommen.

Nach drei Wochen kam dann ein Anruf. Sie habe die gewünschte Stelle, eine Straße weiter, in einem Alten- und Pflegeheim bekommen, das erst vor einigen Monaten neu eröffnet hatte. Und auch ihre finanziellen Ansprüche wurden übertroffen.

Emotionale Themen und die 2-Punkt-Methode

»Auf die Dauer der Zeit nimmt die Seele die Farbe der Gedanken an.«

Marc Aurel (121–180), römischer Kaiser

Jeder kennt Situationen, in denen sich der Gemütszustand nach einer traurigen Nachricht oder einer schlimmen Situation schlagartig verschlechtert hat.

Durch die Bewusstseinstransformation haben wir nun die Möglichkeit, uns nach einer schwierigen Situation noch einmal bewusst in die Angst auslösende Begebenheit hineinzuversetzen, um sie dann zu transformieren, zu verändern. Am besten, Sie stellen sich das Thema der Situation kurz aber intensiv vor und geben sich dann selbst eine Anwendung. Oder Sie lassen sich von einer Person Ihres Vertrauens so oft »pointen«, bis sich das alte Gefühl zu einem für Sie stimmigen neuen positiven Gefühl transformiert hat.

Ein Beispiel

Wir möchten Ihnen von einem guten Freund erzählen, der uns immer wieder sein Leid klagte, wie schlecht es ihm doch ginge nach der Trennung von seiner Frau. Er konnte mit diesem schmerzvollen Gefühl, das sich nach der Trennung eingestellt hatte, einfach nicht umgehen. Da er mit unseren Methoden im ersten Moment nicht viel anfangen konnte, hielten wir uns anfangs sehr zurück mit einer Anwendung. Nach ein paar Wochen war es jedoch so schlimm geworden, dass er auf uns zukam und unser Angebot dankend annahm.

Wir trafen uns in seiner Wohnung, wohin er sich schon die letzten Wochen sehr zurückgezogen hatte.

Als wir nach einem kurzen Gespräch über die 2-Punkt-Methode bereits mit der Anwendung anfingen, entwickelte sich auch schon wieder Hoffnung in ihm. Nach ein paar Minuten des »Pointens« war ihm hinsichtlich seines Themas und des damit verbundenen Gefühls des »Alleinseins« sichtlich leichter. Er spürte eine Energie in seinem Körper, wie er es vorher noch nicht erlebt hatte. Eine Energie, die auf seinen Körper traf wie eine Welle, die ein angenehmes Gefühl in ihm auslöste und ihn sichtlich ins Wanken brachte. So etwas hatte er bisher noch nicht erlebt. Unsichtbar, aber doch spürbar, an und in seinem ganzen Körper. Er war so überrascht und froh darüber, dass er uns bat, gleich damit weiterzumachen.

Später bat er uns, hinsichtlich einer neuen Partnerin etwas zu unternehmen, bei der er das Gefühl hat, dass das Innere zu seinem Inneren passt. Er stellte sich diese Situation sogleich mit seiner ganzen visualisierenden Kraft vor, mit allen für ihn wichtigen Details, und wir begannen erneut mit dem »Pointen«. Nach ungefähr fünf Minuten hatten wir eine für ihn neue Realität hinsichtlich einer passenden Frau erschaffen. Das neue Gefühl, das sich jetzt eingestellt hatte, war sichtlich perfekt, wie er es nannte. Da er die nächsten vierzehn Tage im Urlaub war, hatten wir uns erst wieder kurz danach verabredet, um weiterzumachen.

Als wir uns wiedersahen, war er so aufgeregt und verändert, wie schon lange nicht mehr. Er erzählte uns von einer Begegnung mit einer Frau im Urlaub, wie er es noch nie erlebt hätte. Eine Verbindung, bei der er das Gefühl habe, er stünde nur noch unter Strom. Ein Gefühl von Leichtigkeit und eine stimmige Verständigung zwischen ihnen, die für ihn völlig neu wäre.

Er wusste sofort, dass diese Frau seine Seele berührt hat. Wir waren alle sehr dankbar über diesen wunderbaren Erfolg.

Systemische Aufstellung und 2-Punkt-Methode

»Erkenne, wer du im Kern deines Wesens bist, und dann werde es.«

Pindar (522 oder 518 v. Chr. bis kurz nach 445 v. Chr.), griechischer Dichter

Eines haben wir alle gemeinsam: Wir leben bewusst oder unbewusst in einem System. Sei es eine Familie oder seien es Kollegen in einer Firma, deren Mitglieder Beziehungen zueinander haben, die uns nur teilweise bewusst und zum Teil sogar verborgen bleiben. Gut, die Familie können wir uns nicht unbedingt aussuchen. Ebenso haben wir eine Beziehung zum Geld, zu unseren Finanzen, meist lässt sich über den Kontostand erkennen, wie die Beziehung geartet ist. Da wir also alle in vielen Bereichen unseres Lebens in ein System mit anderen Menschen eingebunden sind und das noch zumeist unbewusst, wird sich immer eine Herausforderung für uns ergeben, aus der wir das Beste machen sollten.

Die systemische Aufstellung ist vielschichtig einsetzbar, zum Beispiel im Bereich der Unternehmensberatung oder im therapeutischen Bereich, sodass wir sie nach intensiven praktischen Tests erfolgreich in unsere Seminare integriert haben.

Alle unsere alten Verstrickungen, hinderlichen Überzeugungen, Blockaden und unbewussten Schuldgefühle aus vergangenen Beziehungen machen es ratsam, bevor wir mit anderen arbeiten, erst einmal bei uns selbst anzufangen und mit uns ins Reine zu kommen. Jede Beziehung erschafft sich ein gemeinsames Energiefeld. So fühlen und leben wir unsere Beziehungen mit Freude oder auch Leiden in diesen uns zumeist nur wenig verständlichen Beziehungsnetzen.

Wir lernen schon früh die passenden Verhaltensweisen und Muster für diese Beziehungen, um uns so gut wie möglich anzupassen. Aber auch, um dann das Leben in diesen Beziehungen möglichst angepasst zu meistern. Diese früh erlernten Beziehungs- und Verhaltensmuster können jedoch später, in anderen Bereichen wie Schule, Ausbildung und Berufsleben, aber auch Freundschaften sowie der Partnerschaft, hinderlich in ihrer Wirkung sein oder zumindest in den aktuellen Lebenssituationen nicht mehr hilfreich. Unser Verhalten wird dann von unserer Umwelt nicht mehr verstanden und es führt zu Unstimmigkeiten und Missverständnissen mit Partnern, Kindern, Kollegen, Freunden. Auch die Beziehung zum Geld kann sich dementsprechend negativ auswirken.

Mit der systemischen Aufstellung werden Personen aus diesen Beziehungsnetzen, vertreten durch stellvertretende Personen, in einem Raum »in Beziehung zueinander stehend« aufgestellt. Das macht oft sichtbar, wie Verbindungen zueinander geartet sind und wo Differenzen und Blockaden liegen. Dabei bemerkt man die störenden Energien verschiedenster Natur, die im Inneren und Äußeren oft sichtbar werden, und kann all die Verstrickungen, hinderlichen Überzeugungen, Blockaden und Schuldgefühle mit der 2-Punkt-Methode transformieren. Jeder hat so die

Chance, mit sich selbst und anderen Frieden zu schließen, auch mit einer Person aus einer vergangenen Beziehung.

Werden beim Aufstellenden diese negativen Gefühle transformiert, spürt man das und es wird auch im Außen für alle sichtbar und spürbar. Dieses Phänomen wird durch die Erkenntnisse in der Quantenphysik als »Alles-miteinander-verbunden-Sein« begründet.

Bei körperlichen wie auch mentalen Problemen kann eine Aufstellung kombiniert mit der 2-Punkt-Methode ein wichtiger Aspekt beim Erkennen einer der möglichen Ursachen der Entstehungsgeschichte von Belastungen sein und damit auch ein Schritt auf dem Weg der Harmonisierung, mental wie physisch. Wir können gezielt durch systemisches Aufstellen interagieren und ein harmonisches Zusammenwirken beider Methoden erzielen. Dadurch können auch langwierige und hartnäckige Themen in kurzer Zeit aufgestellt und dann mit der 2-Punkt-Methode transformiert werden.

Die systemische Aufstellung kombiniert mit der 2-Punkt-Methode bedarf viel Erfahrung und sollte nur in einer gut geführten Praxis gemacht werden, damit man Schritt für Schritt das Wissen in die Praxis umsetzen kann. Wir bieten die Möglichkeit der systemischen Aufstellung als Bestandteil eines Quantenheilungs-Seminars an.

Affirmative Schlüsselsätze in die 2-Punkt-Methode integrieren

»Glück hängt nicht davon ab, wer du bist oder was du hast, es hängt nur davon ab, was du denkst.«

unbekannt

Hier bieten wir Ihnen einige hilfreiche Schlüsselsätze an, die Ihr Unterbewusstsein neu programmieren können. Wir Menschen tragen einige negative Schlüsselsätze in uns. Mit der 2-Punkt-Methode haben Sie nun die Möglichkeit, über sogenannte affirmative Schlüsselsätze Ihr Grundgefühl, das unmittelbar auch durch unser Unterbewusstsein gesteuert wird, wieder in Harmonie zu bringen.

Vor dem Pointen sprechen Sie bitte Ihre Intention (Absicht) zum Beispiel mit folgenden Sätzen:

Ich bin glücklich.
Ich bin geborgen.
Ich bin dankbar.
Ich bin frei.
Ich bin in Freiheit.
Ich bin Fülle.
Ich bin Freude.
Ich bin Sicherheit.
Ich bin Frieden.
Ich bin Glück.
Ich bin klasse.

Ich bin liebenswert.
Ich bin ein guter Mensch.
Ich bin wertvoll.
Ich bin offen für unendliche Fülle.
Ich bin klar.
Ich bin klar in meinem Beruf.
Ich bin frei zu lernen.
Ich bin intelligent.
Ich bin mir selbst treu.
Ich bin ich selbst.
Ich bin diszipliniert.
Ich bin gut organisiert.
Ich bin offen für Veränderung.
Ich bin in Frieden mit mir und meiner Umwelt.
Ich bin in der Gegenwart.
Ich bin ruhig.
Ich bin offen für Glück.
Ich bin wichtig für diese Welt.
Ich bin Teil der Schöpfung.
Ich bin dankbar für …

Formulieren Sie Ihre Schlüsselsätze immer beginnend mit den Worten: Ich bin. Diese Form der Gegenwartsformulierung im Hier und Jetzt birgt die größte Kraft und Energie, und der Zustand wird so formuliert, als ob das Gewünschte schon geschehen ist beziehungsweise die neue Realität schon erschaffen. Je öfter Sie sich in den gewünschten Zustand hineinfühlen, umso mehr Energie folgt auch hier der passenden Affirmation. Formulieren Sie, wenn Sie eigene Sätze kreieren, die Sätze möglichst mit einer positiven Bedeutung.

Also:

Ich bin glücklich und spüre in meiner Arbeit das Gefühl der Leichtigkeit.

Da jedes gesprochene und gedachte Wort Auswirkung auf uns hat, ist es sehr sinnvoll, nur positive Worte zu benutzen.

Ein Beispiel, wie Sie es nicht machen sollten:

Ich möchte aus meiner Traurigkeit heraus und meine Schwere im Körper austauschen gegen Leichtigkeit.

»Instant-Pointing«

»Wer über die Quantentheorie nicht entsetzt ist, der hat sie nicht verstanden.«

Niels Bohr (1885–1962), dänischer Physiker, Nobelpreis 1922

Der Begriff »Instant-Pointing« bedeutet übersetzt so viel wie sofortige Anwendung der 2-Punkt-Methode. Damit passt es gut in die Entwicklung unserer Zeit, in der Dinge schnell, effektiv und ohne viel Vorbereitung umsetzbar sein sollten.

Da es mehr als nur körperliche, emotionale oder Lebensthemen gibt, kann man die Anwendung auch für alle anderen Bereiche des Lebens einsetzen. Integrieren Sie das Instant-Pointing in Ihren gewohnten Alltag und Sie werden merken, wie sich Ihre täglichen Aufgaben, Herausforderungen und Lebenssituationen besser und leichter bewältigen lassen.

Sie haben mit der Instant-Pointing-Methode jederzeit und überall, unabhängig von Raum, Zeit und Gefühl die Möglichkeit, Situationen in Ihrem Leben zu einer für Sie stimmigen Realität zu transformieren. Wir schildern Ihnen hier einige Situationen, die jeder im Alltag sofort über ein Instant-Pointing und seiner formulierten Absicht zu einer neuen positiven Realität transformieren kann.

Um zwischen unserem Verstand und unserem Bewusstsein eine Brücke zu schaffen, benutzen wir wieder unsere beiden Hände als »Werkzeug«. Wir halten sie diesmal beide in das Energiefeld vor unserem Körper, wo immer Sie auch meinen, die richtige Position gefunden zu haben. Gehen Sie bitte auch da wieder ganz nach Ihrer Intuition. Sprechen Sie nun in Gedanken Ihre Absicht. Formulieren Sie sie möglichst positiv; nachfolgend haben wir ein paar Beispiele aufgeführt. Gehen Sie dann ins reine Bewusstsein (gedankenfreie Zone). Ihre ganze Aufmerksamkeit liegt auf dem Herzchakra in der Mitte Ihrer Brust.

Lassen Sie sich durch die Einfachheit der Anwendung nicht von Ihrem Verstand verunsichern, der Ihnen anfänglich immer wieder sagen will, dass diese einfachen Mechanismen nicht funktionieren können.

Es reichen oft ein paar Sekunden aus, um auch hier den Impuls für die gewünschte Veränderung zu setzen. Wählen Sie beim Instant-Pointing nur Situationen, die sich sofort transformieren lassen, um so einen schnellen Erfolg zu erzielen. Erfolg ist die Grundlage für das Vertrauen in diese wunderbare 2-Punkt-Methode.

Die Themen reichen von A wie Autoreise bis Z wie Zahnarztbesuch. Hier nun ein paar Beispiele in bestimmten Lebenssituationen:

- Verkürzen Sie Ihre Fahrzeit mit Ihrem Fahrzeug zu Ihrem Ziel, indem Sie sich Ihre gewünschte Zeit zum Ziel »pointen«.
- »Pointen« Sie das Essen, zum Beispiel in einem Restaurant, sodass es ein echter Gaumenschmaus wird.
- »Pointen« Sie Ihren Vortrag, den Sie halten sollen, sodass er perfekt wird und Sie in der Ruhe und Gelassenheit bleiben.

- »Pointen« Sie Ihre Ausdauer beim Sport, sodass Sie das Ergebnis erzielen, das Sie gerne hätten.
- »Pointen« Sie Ihren Arbeitstag, sodass er rundum ein Tag zu Ihrer Zufriedenheit wird.
- »Pointen« Sie die Stimmung auf einem Fest oder einer Veranstaltung, sodass es für Sie ein unvergessliches Erlebnis wird.
- »Pointen« Sie Harmonie in das Gespräch in einem Meeting mit ihrem Chef.
- »Pointen« Sie das richtige Gefühl für ein Vorhaben.
- »Pointen« Sie eine gute Stimmung auf einer Party oder einem Fest.
- »Pointen« Sie einen passenden Parkplatz.
- »Pointen« Sie Wut und Ärger so, dass sie in Freude und Leichtigkeit transformiert werden.
- »Pointen« Sie beim Einkaufen, dass Sie genau das Richtige finden.
- »Pointen« Sie Ihre Arbeit so, dass Sie sie in einer für Sie stimmigen Zeit erledigt haben.
- »Pointen« Sie sich ein gutes Timing Ihres Tagesablaufs.
- »Pointen« Sie sich im Reisebüro Ihren passenden Urlaub.
- »Pointen« Sie eine niedrige Rechnung in der Autowerkstatt.
- »Pointen« Sie sich, das Richtige zu sagen, beispielsweise zu Ihrem Chef, wenn es um eine Gehaltserhöhung geht.

Betrachten Sie das Instant-Pointing auch als ein Spiel. Legen Sie Leichtigkeit und Vertrauen in diese Anwendung, um sie spielerisch zu gestalten. Pointen Sie am Anfang kleine Dinge, um dann im Laufe der Zeit das Selbstvertrauen und das erweiterte Bewusstsein zu bekommen, dass alles möglich ist. Grenzen setzen wir uns nur selbst. Die meisten Menschen begrenzen sich durch ihre eigene Vorstellungskraft.

Wenden Sie diese wunderbare Methode jeden Tag an, damit Sie die Bewusstseinstransformation Schritt für Schritt erleben und den Herausforderungen, die sich in unserem Leben täglich zeigen, gelassener entgegenhalten können. Wenn Sie das tun, haben Sie einen großen Schritt in die richtige Richtung getan und Sie werden Dinge erleben, die Sie vorher nicht für möglich gehalten haben. Je mehr Sie Ihre gewohnte Weltanschauung umkrempeln und das »Unmögliche« in Betracht ziehen, umso mehr sind Sie auf der Welle zu einer erfüllten Realität.

Viel Spaß dabei!

Fragen zur Anwendung mit der 2-Punkt-Methode

Frage: *Warum braucht man oft mehr als eine Anwendung, um ein Thema positiv zu verändern?*
Antwort: Jeder Mensch reagiert anders und manchmal hat man mehrere zusammenhängende Blockaden Schritt für Schritt aufzuarbeiten.

Frage: *Wie oft kann ich Anwendungen, die verschiedene Themen bearbeiten, am Tag wiederholen ?*
Antwort: Es können so viele Anwendungen vorgenommen werden, wie wir es intuitiv für gut halten. Es sollte an einem Tag jedoch nicht an mehr als einem Thema gearbeitet werden, um so die Intensität zu diesem Thema zu halten.

Frage: *Wie formuliert der Empfänger sein Thema, an dem er arbeiten möchte?*
Antwort: Das Thema wird so formuliert, wie es sich für den Empfänger am besten anfühlt. Pauschale Formulierungen sind zum Beispiel:

- Ich bitte um meine volle Gesundheit.
- Ich bitte um die vollkommene Ordnung in der ... Angelegenheit.

Frage: *Haben die Anwendungen auch Nebenwirkungen?*
Antwort: Nein, da der Impuls feinstofflich aus der Informationsebene (geistigen Ebene) kommt. Das Thema kann

sich im Moment etwas verstärken, das bedeutet aber, dass gerade daran gearbeitet wird.

Frage: *Die Quantenphysik bezeichnet den Impuls, der durch die 2-Punkt-Methode ausgelöst wird, auch als Welle. Was bedeutet das?*
Antwort: Es fühlt sich oft an, als spüre man eine Welle (Energieform), die auf einen trifft und durch den Körper geht. Das kann sich durch ein Hin- und Herwanken des Körpers bemerkbar machen.

Frage: *Kann ich Quantenheilung immer und überall anwenden?*
Antwort: Wir begrenzen die Möglichkeiten der Quantenheilung nur durch unsere eigene Vorstellungskraft. Sie können es praktisch immer und auf alles anwenden.

Frage: *Was ist, wenn ich nicht daran glaube?*
Antwort: Quantenheilung wirkt jenseits von Glaubensmustern und Überzeugungen.

Frage: *In welchen Bereichen kann ich diese Methode noch anwenden?*
Antwort: Sie können diese Methode bei Pflanzen, der Nahrung, bei allen Arten von materiellen Dingen, wie zum Beispiel Computer oder auch Autos, anwenden, da auch sie, wenn wir bis in das kleinste Teilchen gehen, wieder aus Quanten bestehen.

Frage: *Kann ich diese Methode auch bei Kindern und Tieren anwenden?*

Antwort: Ja, Sie formulieren für Kinder und für Tiere die Absicht, bevor Sie eine Anwendung geben.

Frage: *Kann die 2-Punkt-Methode bei allen körperlichen Angelegenheiten angewendet werden?*
Antwort: Grundsätzlich ja. Am besten jedoch funktioniert es, wenn Sie Ihre Erwartungshaltung herausnehmen.

Frage: *Was tue ich, wenn derjenige, der eine Anwendung bekommt, keinerlei Veränderung bemerkt?*
Antwort: Fragen Sie ihn, ob er wirklich bereit ist, etwas zu verändern. Es kann auch möglich sein, dass es gerade nicht der richtige Zeitpunkt für eine Anwendung ist.

Frage: *Kann ich die 2-Punkt-Methode auch am Arbeitsplatz anwenden?*
Antwort: Auch am Arbeitsplatz lässt sich die 2-Punkt-Methode für alles einsetzen – ob es nun das Verhältnis zu den Kollegen ist oder für ein Projekt oder eine Aufgabe, die zuvor unlösbar erschienen.

Frage: *Kann ich auch meine Lern- und Merkfähigkeit mit dieser Methode steigern?*
Antwort: Sobald Sie die 2-Punkt-Methode regelmäßig anwenden, wird sich durch die Synchronisation der Gehirnhälften auch Ihre Lern- und Merkfähigkeit verändern.

Frage: *Kann diese Methode der Bewusstseinstransformation, oder auch Quantenheilung genannt, in jede andere Methode, wie zum Beispiel bestimmte Heilpraktiken, integriert werden?*

Antwort: Ja, Sie können, egal womit Sie bisher gearbeitet haben, diese 2-Punkt-Methode in jede bestehende Praktik integrieren.

Berichte von Seminarteilnehmern

Ich wurde 2003 an der Bandscheibe im Lendenwirbel operiert und 2005 kamen die Beschwerden wieder. Genau zu einem Zeitpunkt, wo ich mir einen Krankenstand aufgrund meiner beruflichen Tätigkeit nicht leisten konnte. Trotz Anraten des Arztes und auf die Gefahr hin, dass es im Bein zu bleibenden Nervenschäden kommen könnte, habe ich auf die Operation verzichtet.

Ich suchte lieber nach Alternativen wie Wassergymnastik, Kur und/oder Sport. So konnte ich meine Beschwerden in den Griff bekommen, es war aber immer mit Schmerzen verbunden. Bis 2010 nach extremem beruflichem Stress die Beschwerden recht heftig wurden. Das schlechte Gewissen, hätte ich doch damals auf den Arzt gehört, begleitete mich in meinen Krankenstand. Wild entschlossen, diese Operation nachzuholen, meldete ich mich zur Voruntersuchung an. Durch Zufall fuhr ich zwei Tage vorher mit meiner Arbeitskollegin zu einem Vortrag über Quantenheilung. Ich gebe zu, es war eigentlich mehr aus der Langeweile heraus. Ich bin nicht mit der Erwartung, dadurch werde ich gesund, zu der Informationsveranstaltung mitgefahren. Im Gegenteil, ich dachte mehr an meine Arbeit und die damit verbundenen Probleme im Altenheim, in dem ich arbeitete. Ich bekam an diesem Abend genau eine Anwendung, die ungefähr zwanzig Sekunden dauerte.

Zu meiner großen Überraschung wachte ich am nächsten Morgen schmerzfrei auf, seit über fünf Jahren zum ersten Mal. Trotzdem war ich weiterhin wild entschlossen, ich lass mir den zweiten Bandscheibenvorfall operieren. Bei der Kernspintomografie-Untersuchung stellte sich aber heraus, es gibt nichts zu operieren. Na so etwas, reiner Zufall? Ich denke inzwischen, dass wir Menschen viel mehr wieder die einfachen Heilungsmethoden lernen sollten und wie man kostenfrei heilende Energie tankt. Ich bin dankbar, dass man mich daran erinnert hat und freue mich immer noch über die schmerzfreien Tage.

E. K. aus der Schweiz

Die Quantenenergie hat mich wie eine heilsame Woge berührt, nachdem ich von einem Seminar zurückkam. Ich spürte in jeder Zelle meines Körpers, wie sich eine warme kribbelnde Energie ausbreitete. Mein größtes Thema war die Traurigkeit über eine alte große Liebe, die mich immer noch beschäftigte, obwohl ich bereits viel aufgelöst hatte. Meine Absicht bei diesem Thema war Vergebung, Friede und Nächstenliebe, welches ich mit meiner Gruppe in eurem Seminar mit vielen heilsamen Wellen formulierte. Und so ist es seitdem: Nach einem tiefen Durchatmen und ein paar Tränen habe ich meine jahrelange Trauer verloren. Ein paar Tage später war mein Herz wieder voll mit Liebe und Frieden erfüllt. Danke, für dieses wunderbare Erlebnis in eurem Seminar.

Ich hatte auch das Gefühl, dass in eurem Seminar für Quantenheilung mein ganzer Körper am Aufräumen war. Es war zum Teil so stark, dass ich nicht wusste, wie mir geschieht, aber ich vertraute darauf, dass sich alles wieder legen werde. Meine Beine fingen bei einer Anwendung mit der 2-Punkt-Methode so heftig an zu zittern, dass ich dachte, ich würde jeden Moment umfallen. Meine Gesundheit, meine Ausdauer beim Spazierengehen mit meinem Hund und kein lästiges Schwitzen mehr ist für mich das größte Geschenk, das ich aus der Erfahrung mit Quantenenergie und der 2-Punkt-Methode erleben durfte.

Herzlichen Dank dafür.

S. K. aus Deutschland

Die faszinierende Erfahrung von dem Erlebnisabend Anfang November hat mich dazu bewogen, der Quantenheilung mehr Aufmerksamkeit zu widmen.

Seit vielen Monaten hatte ich permanente Schmerzen in Knie und Hüfte, sodass ich weder richtig gehen, sitzen noch liegen konnte. Vom Tisch aufzustehen, Treppen steigen oder das Aus- und Einsteigen beim Auto waren extrem schmerzhaft und alles wurde zusehends mühsamer, einhergehend mit rascher Ermüdung und Schlafstörungen. Mein allgemeiner Gemütszustand war dadurch entsprechend beeinträchtigt, wobei ich doch immer gewohnt war, aktiv und sehr mobil zu sein. Die Kenntnis über euren Informations- und Erlebnisabend ist mir erst wenige Tage vor der Veranstaltung regelrecht »über den Weg gelaufen«. Wie durch ein Wunder konnte ich nach diesem Abend schon viel besser sitzen und dann sogar auch wieder schmerzfrei aus dem Auto aussteigen. Zu Hause war meine Familie sehr überrascht, dass ich in einer deutlich besseren physischen Verfassung und Stimmung war, und diese Besserung war auch im Alltag nachhaltig festzustellen. Davon angespornt, haben meine Tochter und ich beschlossen, auch gleich euer

Seminar zu besuchen, um selbst einige Werkzeuge der Quantenheilung kennenzulernen. Nach diesem Wochenende stellten wir weitere positive Veränderungen fest.

Ich danke euch herzlich, dass ich durch euch diese interessante und effiziente Methode der Quantenheilung kennenlernen und gleich an mir selbst so positive Wirkung erleben durfte.

G. S. aus Österreich

Wir waren gerade auf dem Weg zu einem Wochenendtrip, als unsere Tochter die ersten Schmerzattacken bezüglich ihrer ersten Zähne bekam. Sie war sehr aufgebracht, hatte eine rote Backe und auch bereits etwas Fieber, das sich im Laufe des Tages sehr stark erhöhte. Unsere Tochter fand kaum mehr Ruhe und schlief weder, wenn sie getragen wurde, noch im Wagen oder im Bett. Immer wieder schreckte sie auf und begann zu weinen.

Meine Frau hielt unsere Tochter vor sich auf dem Schoß und ich saß rechts neben den beiden. Während der 2-Punkt-Anwendung, die wir Wochen zuvor in einem Seminar erlernt hatten, wurde ich innerlich sehr ruhig, vorher war ich müde und zerstreut gewesen. Es wurde mir auch sehr warm und in mir wuchs ein großes Vertrauen, dass diese Anwendung sehr heilsam sein wird. Zu meiner Frau sagte ich, sie solle sich vorstellen, wie es wäre, wenn unsere Tochter keine Schmerzen mehr hätte und das Fieber vollkommen weg wäre. Meine linke Hand war bei meiner Frau am Rücken, mit der rechten Hand war ich im Energiefeld vor unserer Tochter, somit im Energiefeld von Tochter und Mutter zusammen und ließ die Welle kommen. Die Erfahrung war sehr berührend für mich. Hier zeigte sich die Innigkeit und Liebe zwischen uns dreien.

Ich spürte diese Liebe und die Wirkung der Welle und sie erfüllte den Raum mit einer besonderen Energie. Wir spürten alle drei, wie sich ein Wohlgefühl bei uns einstellte und nach kurzer Zeit auch eine Besserung bei unserem Kind.

Kurze Zeit nach der Anwendung schlief S. friedlich ein und um vieles länger als in den vergangenen Nächten. Am nächsten Tag war das hohe Fieber verschwunden, bevor es während der Nacht noch einmal anstieg.

Nochmals vielen Dank für diese wunderbar wirkende 2-Punkt-Methode, die wir bei euch im Seminar lernen durften.

G. J. aus Österreich

An einem Informations- und Erlebnisabend für Quantenheilung bekam ich zwei Anwendungen der 2-Punkt-Methode. Die erste Intention war eine Verbesserung der Sehkraft, die zweite eine Verbesserung des Selbstwertgefühles. Am selben Abend tat sich nichts, im Gegenteil, ich war der Meinung, dass die Sehkraft eher schlechter wurde. Daher dachte ich: Anfangsverschlechterung. Am nächsten Tag war die Sehkraft aber wie vorher.

Seither befasse ich mich mehr mit dem Thema. Vom zweiten Erlebnisabend kann ich Folgendes berichten: Seit einigen Jahren hatte ich Schmerzen im linken Knie und in der Hüfte, wenn ich weite Strecken ging oder am Berg bergabwärts gehen musste. Durch absichtliches Hinken konnte ich aber alle Schmerzen aushalten. In der ersten Septemberwoche waren wir mit unserer Tochter am Gardasee. Meine Frau und ich wanderten weit in die Gardaberge und auf den Monte Baldo. Erst am dritten oder vierten Tag fiel mir plötzlich auf, dass alle meine Schmerzen in Knie und

Hüfte weg waren. Sie traten auch bis heute nicht mehr auf. Ich denke, mein göttliches Selbst hat entschieden, was gerade möglich und notwendig war. Zur gleichen Zeit verschwanden auch meine jahrelangen Beschwerden mit den Hämorrhoiden. Meine Sehschwäche ist aber noch gleich geblieben. Ebenfalls gebessert hat sich mein Selbstwertgefühl, ich spreche inzwischen vor einer Menschenmenge viel freier. Früher hätte ich mich eher »geduckt«.

Durch das herzliche und hervorragende »Herüberbringen« der Methode, den Anwendungen, dem Hintergrundwissen von Monika und Thomas und die schöne Seminargemeinschaft hat sich bei mir ein ganz anderes Interesse an den vielseitigen Anwendungsmöglichkeiten der Quantenheilung und der russischen Methode ergeben.

Jetzt, im Nachhinein, fallen mir auch noch folgende Erlebnisse ein: Einige Wochen vor dem zweiten Seminar gab es einen Nachbarschaftsstreit bei Bekannten. Ich sollte bei einer Arbeit helfen, die wieder zu Streitigkeiten führen würde. Ich konzentrierte mich einige Tage vorher auf die Situation und harmonisierte diese, so gut ich es damals mit der 2-Punkt-Methode konnte. Erfolg: Der Nachbar fuhr zweimal an mir vorbei und dankte sogar mit einem Gruß, und bis heute ist er auch nicht zu meinem Bekannten gekommen, um den sonst gewohnten Wirbel zu machen. Noch viele kleinere Ereignisse haben sich in der Zwischenzeit getan, es wurde und wird alles leichter.

F. L. aus Österreich

Ich habe gestern mit einer Kundschaft mit der Quantenmethode gearbeitet, und für mich war es das erste Mal mit anderen Menschen.

Thema war eine Ehe, ziemlich am Ende. Sie wollte aber keine Scheidung, um die Familie zusammenzuhalten. Kinder zu hundert Prozent aggressiv, und vieles mehr, einfach nur schlimm. Wir haben eineinhalb Stunden gearbeitet, und als sie ging, sagte sie nur: »Ich fühle mich ein klein wenig leichter.«

Ich dachte noch: Wie das denn? Meine Freundin und ich waren am ersten Abend nach eurem Seminar voller Lebensfreude und Power und nur glücklich. Warum sagt diese Frau jetzt – ich fühl mich halt ein »klein wenig« leichter? Hab ich gar nicht verstanden!

Aber dann Stunden später, bekam ich von ihr eine SMS (Nachricht) mit dem Wortlaut: die ganze Familie ist wie »ausgewechselt«, sie selbst habe keinen Stress mehr (der zu Beginn der Arbeit bei hundert Prozent lag) und sie sagte, sie könne es nicht fassen! Was ist da bloß geschehen?

Ich kann es auch (mit dem Verstand) nicht begreifen!! Ich sage nur: »Wow!«

M. M. aus Österreich

Ich litt aufgrund einer körperlichen Belastung an einer schiefen, stark nach links geneigten Fehlhaltung. Beim Gehen konnte ich diesen Haltungsfehler noch einigermaßen kompensieren. Aber sobald ich stand, neigte sich mein Körper nach links und drohte sogar umzukippen, wenn ich nicht mit meiner Willenskraft dagegen ansteuerte. Dieser Haltungsfehler bestand schon seit längerer Zeit.

Vor etwa einem Jahr bekam ich eine Anwendung mit der 2-Punkt-Methode in eurem Seminar. Ich stand vor dem Anwender und konzentrierte mich darauf, einigermaßen gerade zu stehen, um nicht nach links zu kippen. Ich hatte die Intention: eine aufrechte Haltung.

Plötzlich hatte ich das Gefühl, von einer unsichtbaren Kraft langsam nach rechts gedrückt zu werden. Gleichzeitig ließ die Spannung des Muskels, der meinen Körper nach links zog, immer mehr nach. Einige Minuten später bemerkte ich, dass mein Körper sich in einer aufrechten Stellung befand und der Zwang, sich nach links zu neigen, verschwunden war. Seitdem ist die Spannung nicht wieder aufgetreten und ich kann wieder entspannt stehen.

M. D. aus Deutschland

Ich hatte mich für einen dieser Informations- und Erlebnisabende angemeldet, um einen ersten Eindruck zu bekommen, was mich da erwartet. Da ich großes Interesse an einem Seminar für Quantenheilung hatte, kam ich mit einem guten Gefühl zu diesem Abend. Ich hatte bereits eine ganze Menge über die Quantenheilung gehört und war daher sehr gespannt. Ohne jegliche Erwartungen kam ich zum Abend, obwohl ein kleiner Hoffnungsschimmer in mir doch hochkam, bezüglich meiner Belastung.

Ich meldete mich sofort bei dem praktischen Teil, um eine Anwendung zu bekommen. Diese Welle, wie sie bezeichnet wird, warf mich im wahrsten Sinne des Wortes um. Es hatte sich sofort ein wunderbares Gefühl in mir eingestellt, ein Gefühl des Friedens und der Harmonie. Kurz darauf, nach diesem Abend, hatte sich irgendetwas verändert. Ich hatte zum ersten Mal seit sehr langer Zeit fast keine Ohrengeräusche mehr wahrgenommen. Danke für diesen wunderbaren Erfolg.

N. B. aus Deutschland

Ich habe mehrere gesundheitliche Erfolge zu berichten. Fangen wir an mit meinem Auge, wo ein brauner rauer Fleck am Auge mir zu schaffen gemacht hatte. Mir wurde nach einer Erstuntersuchung gesagt, es sei eine Vorstufe zum Hautkrebs. Nach einer Anwendung mit der 2-Punkt-Methode, die ich im Seminar lernte, fing es stark an zu jucken und nach geraumer Zeit war dieser Fleck auf Stecknadelkopfgröße zurückgegangen. Nach einiger Zeit habe ich mich wieder einer Untersuchung unterzogen und es war diesmal alles in Ordnung. Nach einer weiteren Anwendung mit dieser neuen Methode waren auch meine seit vier Jahren immer wieder auftretenden Herzrhythmusstörungen verschwunden.

Des Weiteren wurde nach einer Darmspiegelung ein breitbasiger Polyp festgestellt. Es wurde mir gesagt, dass darunter ein Krebs nicht ausgeschlossen werden kann. Ich bekam die Empfehlung, durch eine Operation den gesamten aufsteigenden Dickdarm und den Dünndarmanschluss herausoperieren zu lassen. Nach einer weiteren Anwendung mit der 2-Punkt-Methode habe ich das Gefühl bekommen, die Operation sei nicht mehr nötig, was ich vorher natürlich mit meinem Arzt besprochen hatte. Ich habe seitdem keine Schwierigkeiten mehr. Durch das Erlernte in den Seminaren wurde mein Leben wieder lebenswert. Ich schaue der Zukunft ohne Ängste entgegen. Ich bekam auch den Impuls, meine Ernährung umzustellen und lasse das Fleisch fast ganz weg. Habe auch ohne Mühe vier Kilogramm abgenommen. Auch das Verhältnis zu meinem Sohn, das über Jahre schon sehr angespannt war, hat sich erfreulicherweise zum Guten gewendet. Herzlichen Dank an euch beide und für das, was ich bei euch gelernt habe.

R. N. aus Deutschland

Seit über 30 Jahren hatte ich immer wieder Schmerzen in meinem Unterbauch. Weder der Frauenarzt noch die Ärzte in der Klinik konnten mir helfen. Erst ein Heilpraktiker hat mich darauf aufmerksam gemacht, dass es nicht der Darm, sondern die Blase ist, die mir Probleme bereitet.

Also habe ich beschlossen, bei euch ein Seminar zu besuchen und mit der 2-Punkt-Methode und der systemischen Aufstellung erst einmal bei meiner Familie einiges aufzuarbeiten und dann mit der 2-Punkt-Methode an meine Belastung zu gehen. Zuerst habe ich mit meiner Blase geredet, habe sie gebeten, ihre Heilkräfte zu aktivieren und mich zu unterstützen, dann kamen mehrere Anwendungen im Seminar.

Ich kann euch berichten, ich habe seitdem (und das ist jetzt einige Wochen her) keine Blasenschmerzen mehr – und auch in meiner Familie wurde einiges gelöst, herrlich. Ich freue mich riesig über meinen Heilerfolg und werde die 2-Punkt-Methode natürlich weiter anwenden.

I. K. aus Deutschland

Seit Jahren litt ich unter einer Pollen-, Staub- und Tierhaarallergie. Meine Ärztin meinte, ich solle es doch einmal mit der Quantenheilung probieren und mir eine Anwendung geben lassen. Daraufhin machte ich mich auf die Suche nach einer Praxis. Mir wurde von einer Bekannten eure Praxis in München empfohlen, da sie selber schon mit euch Bekanntschaft gemacht hatte und Anwendungen mit spiritueller Heilung bekam. Ich ließ mir ungefähr drei bis vier Anwendungen mit der 2-Punkt-Methode geben und nach ein paar Tagen war diese Allergie fast ganz, wie durch ein Wunder, verschwunden. Nach diesem wunderbaren Erfolg meldete ich mich auch für das Seminar zum Erlernen der 2-Punkt-Methode an. Ich bekam von den Seminarteilnehmern viele Anwendungen, die mir sehr gutgetan haben. Ungefähr eine Woche nach dem Seminar bemerkte ich, dass der Schwindel und die Migräne, die mich seit meiner Jugendzeit begleiteten, nicht mehr da waren, auch der Blutdruck hatte sich wieder normalisiert. Herzlichen Dank für die Hilfe und das Erlernte in euren Seminaren.

E. J. aus Deutschland

TEIL 3

Lebenskraft, lateinisch: Vis Vitalis

»Ich glaube, die Physik befindet sich in einer Sackgasse, solange sie geistige Effekte ignoriert.«

*Bryan Josephson (*1940), britischer Physiker, 1973 Nobelpreis*

In den Universitäten wird die Lebenskraft auch als »Vis Vitalis« bezeichnet und vermittelt. Man hat immer wieder Urvölker beobachtet, die in einer geöffneten Körperposition (nicht wie bei den indischen Yogis die Arme und Beine überkreuzt, sondern in einer sitzenden Position mit den Armen auf den Oberschenkeln liegend, Beine parallel stehend ohne sich zu berühren und mit einem geraden Oberkörper) verharrten, um bewusst diese lebensfördernde Kraft aufzunehmen.

Im asiatischen Raum wird diese Art der Lebenskraftaufnahme, die übrigens parallel auch zu den 2-Punkt-Anwendungen (Quantenheilung) eingesetzt werden kann, auch als Heilströmen bezeichnet. Viele Menschen haben dabei das Gefühl, als ob sie von einem angenehmen Strom (Kribbeln, Schauergefühl), den sie oft im und am ganzen Körper spüren, durchströmt zu werden. Um diese Heilwelle, wie sie im europäischen Raum auch genannt wird, aufzunehmen, gehen wir in einen Zustand, der nichts mit autogenem Training oder Meditation zu tun hat, sondern mit dem Bewusstsein, kosmische, Leben spendende Energie (Lebenskraft) zu tanken.

So wie wir zwei- bis dreimal am Tag feste oder flüssige Nahrung für unseren physischen Körper aufnehmen, so gilt es auch, Nahrung in Form von Energie für unseren feinstofflichen Körper zu tanken. Durch das bewusste Aufnehmen dieser Kraft kann sich der Energielevel in unserem Körper wieder ausgleichen, den Sie tagsüber durch arbeiten, sprechen und viele andere Aktivitäten entladen haben. Wenn ich bewusst diese Lebenskraft, wie sie auch bezeichnet wird, aufnehme, werden meine leeren »Batterien« im Körper wieder gefüllt. Diese Kraft wirkt nach einiger Zeit der Aufnahme sehr harmonisierend auf Körper, Geist und Seele und hat somit eine positive Auswirkung auf alle Bereiche Ihres Lebens. Auch das ist eine wunderbare »Hilfe zur Selbsthilfe«, die lange Zeit in Vergessenheit geraten war.

Kraft tanken

Wir setzen uns am besten auf einen Hocker oder auf eine Stuhlkante, sodass wir ruhig sitzen, aber den Rücken frei halten und den Oberkörper gerade ausrichten können. Beine und Hände bitte nicht überkreuzen, sondern eine offene Körperhaltung einnehmen. Die Hände legen wir auf die Oberschenkel, mit den Handflächen nach oben wie Satellitenschüsseln.

Jetzt konzentrieren Sie sich ganz darauf, was in Ihrem Körper geschieht, ignorieren Sie alle störenden Gedanken. Stellen Sie sich vor, Sie seien zum Beispiel am Meer, auf einem Berg oder einfach irgendwo in der Natur, das sind alles sehr gute energetische Punkte. Zwischendurch fühlen Sie bitte immer wieder in Ihren Körper und nehmen ihn wahr.

Für diese Übung wählen Sie einen möglichst ruhigen Ort aus. Sie können passende Musik laufen lassen, wir empfehlen hier klassische Musik, die eignet sich sehr gut dafür. Bitten Sie jetzt um die Heilwelle oder, wie wir es nennen, die göttliche Heilwelle.

Formulieren Sie nun Ihre Intention (Absicht) zu einem Herzensthema, zum Beispiel: Ich bitte von ganzem Herzen um meine volle Gesundheit oder um die göttliche Ordnung meiner Herzensangelegenheit.

Nur wenn diese Bitten wirklich aus dem Herzen kommen, steckt auch das dazugehörige Herzensgefühl und die Kraft der Liebe dahinter, die entscheidend zur Harmonisierung beiträgt. Wir empfehlen Ihnen, diese Übung auf jeden Fall zweimal oder auch öfter am Tag für mindestens zehn bis fünfzehn Minuten zu praktizieren.

Überzeugen Sie sich selbst davon und Sie werden merken, wie diese Art der Energieaufnahme Ihr Leben verändern kann.

Russisches Heilbewusstsein

»Die Probleme dieser Welt können unmöglich von Skeptikern oder Zynikern gelöst werden, deren Horizonte durch die offensichtliche Realität eingeschränkt werden.«

John F. Kennedy (1917–1963), amerikanischer Politiker

Damit Sie einige der Hintergründe der 2-Punkt-Methode kennenlernen, möchten wir Ihnen nun erzählen, was für Heiltechnologien in Russland schon vor mehr als zwanzig Jahren, zur Zeit von »Glasnost« und »Perestroika«, entwickelt wurden. Die russischen Wissenschaftler wollten im Bereich Gesundheit einen Beitrag zur »Rettung und Harmonisierung der Menschen und der Erde« erzielen.

Das Jahr 2012 steht bevor, ein Zeitalter der Veränderungen in der ganzen Welt, unter anderem auch im Bewusstsein der Menschheit, wie es schon Urvölker wie die Mayas vorhersagten. Man spricht auch vom goldenen Zeitalter, das periodisch immer wieder kommt, um den Eintritt unseres Sonnensystems in die Sphäre des Urlichtes zu ermöglichen. Jetzt, in dieser Zeit, werden uns Möglichkeiten gegeben, uns weiterzuentwickeln in Richtung einer selbst steuerbaren Realität. Das geschieht in einer Weise, die uns in bisher nie gekanntem Ausmaß Einblicke in wissenschaftlich fundierte Erkenntnisse gibt.

Neben vielen verschiedenartigen geistigen Lehren in der ganzen Welt hat sich in Russland unter anderem die

Lehre über die »Rettung und Harmonische Entwicklung«, wie sie einige bedeutende Wissenschaftler beschreiben, entwickelt. Das fortdauernde Phänomen einer rasend schnellen globalen Veränderung in verschiedenen Bereichen ist schon lange zu beobachten. Mediale Fähigkeiten machen sich bei immer mehr Menschen bemerkbar und zeigen uns, dass eine neue Zeit erreicht ist, in der der Mensch seine Fähigkeiten wieder bewusst neu entdeckt.

Die Aufmerksamkeit der modernen Wissenschaften, vor allem in Russland, aber auch rund um unseren Globus, hat sich inzwischen diesen radikalen Veränderungen zugewandt, um sich den verändernden Prozessen der neuen Zeit, wie wir sie nennen, zu widmen. Dabei wurde gerade in Russland in vielen Bereichen der Forschung auf dem Gebiet der Bewusstseinstechnologien der Gedanke der Schöpfung immer wieder als Ausgangspunkt aller Geschehnisse angenommen. Allein durch das neue alte Wissen der Quantenphysik, das Ausdruck der gegenwärtigen Situation des neuen Wissens in unserer Zeit ist, kommt der Mensch in eine höhere Stufe des Bewusstseins, um so durchaus Schöpfer seiner gewünschten Realität zu werden. Dank dieser Lehre und den neuen russischen Bewusstseinstechniken werden wir als Mensch in einem neuen Bewusstsein konditioniert, um in Liebe miteinander zu leben.

Die Wissenschaftler in Russland gehen davon aus, dass sie dank dieser »Lehre« der bevorstehenden Zerstörung unseres Planeten und aller Lebewesen etwas entgegenhalten, und daher so schnell wie möglich die Rettung der Erde einleiten können. Die Seelenstruktur stellt nach dieser Lehre die direkte Verbindung zum Schöpfer her. Mit ihr bekommen wir einen Weg zum besseren Verständnis über den Aufbau der Seele und den Strukturen der inneren und äußeren Realität gezeigt, und wie nur durch unser Bewusstsein alles verändert werden kann. Dieses Wissen ist für alle Menschen gedacht! Vor allem für die, die jetzt Hilfe benötigen, aber auch für diejenigen, die bereit sind, dieses Wissen weiterzugeben, um so diese Lehre so schnell wie möglich um die Welt zu tragen.

Alles, was sich in uns und um uns Menschen auf dieser Erde verändert, ist das Ergebnis von jedem Einzelnen selbst. Wir sind somit Schöpfer unserer inneren und der daraus resultierenden äußeren Realität. In dieser Richtung wird seit fast zwanzig Jahren an vielen Instituten in Russland geforscht, um die Techniken der Heilung durch das Bewusstsein weiter zu verbessern und zu vereinfachen. Immer mit dem Ziel, es jedem Menschen zu ermöglichen, das Wissen dieser Lehre leicht und verständlich für sich selbst und andere anzuwenden. Nicht nur die Welt, sondern auch der Mensch hat nach den Erkenntnissen der Wissenschaftler in Russland eine informative Struktur.

Aufgebaut ist der Mensch wie auch die Erde in drei Ebenen: Die Seele, der Geist und das Bewusstsein.

Menschen mit fehlenden Organen oder schweren Krankheiten in Russland und auch in anderen Ländern wurden mithilfe dieser Lehre über die informativen Ebenen wieder geheilt. Man hat festgestellt, wenn der Mensch eine gewisse Ur-Ordnung in sich bewusst wieder herstellt, dass so auch seine äußere Realität wieder ins Lot gebracht wird. Nach dem Prinzip: Wie im Innen so im Außen, wie außen so innen. Wir können eine für uns normierte Realität in unserem Leben nur über unser Bewusstsein erschaffen, und damit alles, was aus der Ordnung geraten ist, wieder ins Lot bringen.

Die Forschung in den Instituten Russlands hat ergeben, dass der Mensch wie folgt aufgebaut ist: Informative Lichtstrukturen werden von der Seele über unseren Geist in unser Bewusstsein transformiert, sodass die dort angelangte Information in der äußeren Realität in Form von materialisierter Energie (Materie) wieder zum Ausdruck gebracht werden kann.

Wenn wir auf der Informationsebene, das heißt auf der Seelenebene, Informationen verändern, verändern wir damit uns und die Welt um uns herum. Veränderung geschieht immer zuerst über einen Wunsch, sich zu verändern, den wir bei der Quantenheilung als »Absicht« formulieren. Die russische Wissenschaft geht davon aus, wenn wir uns selbst als einen Teil des Planes der Schöpfung erkennen können, erkennen wir auch Gott in uns. Und wir haben dann auch die Möglichkeit, mit ihm in Verbindung zu treten. Jeder ist dazu in der Lage, dank dieser neuen Lehre seine persönlichen Erfolge zu erzielen.

Das Nachwachsen verloren gegangener Organe ist möglich, weil die informative Struktur des gesunden Organs, wie es auch die Kirlian-Fotografie beweist, nach wie vor in der Matrix vorhanden und gespeichert ist. Die Wissenschaftler haben herausgefunden, dass unser physischer Körper sich nur aus der Ur-Matrix durch Licht und Informationsstrukturen gebildet und entwickelt hat. Der Punkt der Archivierung, da, wo die Ur-Matrix wiederhergestellt werden kann, nennen die Forscher auch Seelenraum. In diesem Seelenraum sind alle lebensnotwendigen Informationen über uns gespeichert.

Wenn wir bewusst einen Impuls zur Regeneration in diesen Seelenraum setzen, wird unser Bewusstsein mithilfe des Geistes über unseren Körper etwas zum Ausdruck bringen. Wie wir wissen, reicht oft allein nur die Absicht zu helfen aus, um einen heilenden Impuls sich selbst oder jemand anderem zu geben.

Wünschenswert dabei ist, das kennen wir auch aus der spirituellen Heilung, an einen Schöpfer, wir nennen ihn Gott, zu glauben. Aus diesem Glauben heraus wurde vom Schöpfer ein »regeneratives Bewusstseinsprogramm« in uns verankert. Und wiederum aus dieser Erkenntnis heraus nehmen wir an, dass unsere Herzenswünsche auch in Erfüllung gehen können. Aber nur, wenn das Gefühl des Herzens mit dabei ist, denn nur auf dieser Ebene geht die Schöpfung mit unseren Wünschen in Resonanz. Unsere Welt ist laut der Forschung wie der Organismus des Menschen aufgebaut, wir sind sozusagen ein Teil von diesem »Ganzen«.

Bei den russischen Bewusstseinstechniken geht es um das reine Schöpferwissen, wie die Wissenschaftler es ausdrücken. Es hat jeder Mensch, unabhängig von seinen Fähigkeiten, die Möglichkeit, diese Techniken bei sich anzuwenden, um dadurch Ereignisse und Angelegenheiten in seinem Leben aus der Vergangenheit und der Gegenwart zu harmonisieren. Die Methoden werden rein über das Bewusstsein praktiziert, ohne technische und medizinische Hilfsmittel. Alles geht nach dem quantenphysikalischen Prinzip; wenn der Mensch sich regeneriert, regeneriert er auch seine äußere Realität. Da, wie wir wissen, ja alle miteinander verbunden sind, wirken sich diese Harmonisierungen auch auf alles um uns herum aus. Es stellt also eine klassische »Hilfe zur Selbsthilfe«-Methode dar, die wir eigenverantwortlich anwenden können, um unsere Gesundheit an einen Punkt zu bringen, in der Harmonie und Gleichgewicht zwischen der äußeren und der inneren Realität wieder hergestellt werden können. Schwerpunkte in dieser Arbeit sind die Kenntnisse um die Struktur und den Aufbau der Seele mittels der Schöpfungswerkzeuge, die uns von den Wissenschaftlern zur Verfügung gestellt werden. Das Aufheben der Blockaden geschieht durch besondere Visualisierungs- und Bewusstseinswerkzeuge sowie mittels Zahlenreihen.

Diese Art der Forschung ergänzt sich mit allem, was wir in den letzten Jahren kennenlernen durften. Und sie ist somit eine wundervolle Bestätigung der intuitiven Bewusstseinsarbeit.

Der »Kosyrew-Spiegel«

(Hilfsmittel zur Bewusstseinserweiterung)

Der sowjetische Astrophysiker Kosyrew war davon überzeugt, dass alle Lebewesen, aber auch Planeten und Sterne, eine Strahlung aussenden, mit deren Hilfe sie Informationen mit ihrer Umgebung austauschen, und die eng mit den Eigenschaften des Raumes und der Zeit verbunden sind.

In Experimenten, bei denen zwei Testpersonen in jeweils einem Kosyrew-Spiegel saßen (zylindrischer, mit Aluminium verkleideter Raum von einigen Quadratmetern) und sich telepathisch Symbole zusandten, erhöhte sich die Erfolgsquote der richtig empfangenen Symbole um ein Vielfaches. Teilweise malten die »Empfänger« die richtigen Symbole noch vor dem Absenden auf.

Ein Mensch, der sich in das Zentrum eines Kosyrew-Spiegels (Bewusstseinsfeld zur Transformation) stellt, erfährt darin womöglich eine Steigerung seiner telepathischen Fähigkeiten. Es kann sich vielleicht sogar ein Raum-Zeit-Kanal öffnen, der ihm andere »Zeitepochen« und andere Bereiche der Erde und des Universums wahrnehmen lässt, wie ein Raum-Zeit-Tor zu anderen Dimensionen.

Kosyrew leistete damit einen wichtigen Beitrag zur Bewusstseinserweiterung. Nicht nur eine Bewusstseinserweiterung wurde bei diesen Experimenten festgestellt, bei einigen Menschen hatte sich auch ihr körperliches Wohlbefinden durch dieses Experiment enorm zum Positiven verändert.

Der Weg zum spirituellen Heilen

(Geistheilung)

»Ich glaube, dass Heilen auf nicht-materiellem Weg, durch geistige Methoden, eine Zukunft ungeahnter Möglichkeiten hat.«

Carl Gustav Jung (1875–1961), Schweizer Psychologe und Psychiater

Der vieldiskutierte Placeboeffekt ist in Wirklichkeit ein Beweis für eine »Heilung auf geistigem Weg«, der sogenannten »Geistheilung«. Auch mit der Umkehrung, nämlich dem Nocebo-Effekt hat es so seine Wirksamkeit, aber im negativen Sinn. Bei einer Fehldiagnose, die jemand diagnostiziert bekommt, kann sich das trotz der Fehlinformation negativ auf die Gesundheit des Menschen auswirken. Das Unterbewusstsein reagiert prompt auf eine Fehldiagnose, weil es zwischen »wahr« und »nicht wahr« nicht unterscheiden kann.

Ein spiritueller Heiler oder auch Geistheiler genannt, ist ein Mensch, der bei anderen Menschen die Selbstheilungskräfte aktiviert. Diese werden mittels der Schöpferkraft aktiviert, die er als Kanal weitergibt. Heilung geschieht immer aus einem selbst heraus. Wenn Sie geistiges Heilen wirklich verstehen wollen, brauchen Sie eine Überzeugung, und die bekommen Sie nur, wenn wir durch eigene Erfahrung eine spürbare Veränderung an unserem eigenen Körper miterleben.

Krankheit entwickelt sich aus den disharmonischen Schwingungen, die uns umgeben und durchdringen, seien es Gedankenformen oder Fremdenergien, denen wir uns durch eine gewisse Ausrichtung oft selbst aussetzen. Diese blockierte oder disharmonische Energie kann ein Geistheiler transformieren und wieder in ein harmonisches Verhältnis bringen. Dabei nutzt er die Unterstützung der Helfer in der geistigen Welt.

Spirituelles Heilen ist in allen alten Kulturen verwurzelt und gab es auch in Deutschland wie in England schon vor ungefähr hundertdreißig Jahren, wobei es in Deutschland um 1941 von dem damaligen Regime unterbunden wurde und erst seit 2004 offiziell wieder erlaubt ist.

Heilungsgeschehen wurden bereits vor über viertausend Jahren auf Steinen dargestellt. Die Gesamtheit der antiken Medizin war vereint in der Überzeugung, dass Heilung nicht allein von der physischen Ebene her angegangen werden kann und dass es nicht möglich ist, Geist und Seele vom physischen Körper zu trennen.

Drunvalo Melchizedek untersuchte mit seinen Kollegen in den Achtzigerjahren das Frequenzspektrum der vom Geistheiler ausgehenden Energie während ihrer Tätigkeit. Sie fanden heraus, dass alle Heiler in dem Moment, in dem sie Energie an jemanden weitergaben, ihre ganze Aufmerksamkeit auf ein bestimmtes Energiezentrum in ihrem Körper richteten: nämlich auf das in der Mitte der Brust gelegene »Herzchakra«. Dieses Energiezentrum, oder auch Energiewirbel genannt, hat die Fähigkeit, reine Liebe als Energie auszusenden. Eben diese Herzenergie ist entscheidend mitbeteiligt, sodass blockierte Energie oder disharmonische Energien beim Empfänger wieder ins Gleichgewicht und somit in den Fluss kommen können.

Liebe und Mitgefühl zählen zu den höchsten Energien, in denen ein menschliches Wesen schwingen kann. Sie haben die Kraft, Körper, Geist und Seele zu harmonisieren. Jeder Mensch ist zwar generell an diese Lebenskraft angeschlossen, doch können negative Gedanken und Gefühle wie Neid, Angst, Zweifel, Wut, Schuldgefühle, Ärger, Hass und starker Egoismus diesen Energiefluss blockieren und somit alles mögliche an Belastungen hervorrufen. Wenn es Ihnen aber gelingt, sich mit dieser inneren Kraftquelle zu verbinden, dann stehen Ihnen alle Möglichkeiten offen, um Heilung wieder aus sich selbst heraus zu erlangen.

Viele alte Weisheitslehren sagen uns, dass der Mensch sich bewusst mit der göttlichen Kraft verbinden soll, indem er sein Herz öffnet. Dadurch bekommt er wieder das Gefühl für die Liebe, die Achtsamkeit und das Mitgefühl für seine Mitmenschen.

Versuchen Sie nicht, nur von Ihren körperlichen Beschwerden frei zu werden, sondern schauen Sie auch auf Ihre seelischen Leiden wie Zorn, starker Egoismus, Sorgen, Gier usw., die meistens die eigentlichen Ursachen für Ihre Leiden sein können. Entscheiden Sie sich bewusst, den Ärger, den Zorn und den Hass auszuräumen, die wiederum der »Quelle der Angst« entspringen.

Allein die Entscheidung, Liebe auszustrahlen, bewirkt oft, dass zwischenmenschliche Konfrontationen auf einer anderen Ebene stattfinden können. Selbst ein im ersten Moment schwieriges Gespräch kann durch so eine Reaktion, eben in die Liebe zu gehen, harmonisch verlaufen, wenn man sich nicht mehr bewusst auf Hass, Ärger oder

Wut einlässt. Das spüren natürlich beide Gesprächspartner und die Kommunikation kann friedvoller und entspannter verlaufen.

Ein selbst erlebtes Beispiel

Ein Nachbar kam auf mich zu und beschwerte sich wegen eines Zaunes, den ich am Haus montiert hatte. Ich baute ihn so, dass fremde Hunde nicht mehr in unseren Garten laufen konnten. Der Nachbar kam mir schon mit einem sehr grimmigen Gesicht entgegen und vermittelte mir ein ungutes Gefühl. Nachdem er zum Ausdruck brachte, wie sehr er sich hinsichtlich der neuen Situation des Zaunes doch ärgerte, blieb ich erst einmal ruhig und schaute ihm nur in die Augen, mit meiner ganzen Kraft des Herzens, egal was mein Verstand mir aufgrund seines grimmigen Gesichts auch vermitteln wollte. Ein paar Sekunden später entschied ich mich, ruhig zu bleiben und weiterhin mein Herz zu öffnen. Nach der Begrüßung von mir, in der Liebe bleibend, kam spontan eine Umkehr seinerseits. Die Situation entspannte sich und wir waren beide sichtlich erleichtert. Endlich konnte ich ihm die neue Situation in Ruhe erklären.

Entwicklungen eines spirituellen Heilers

Um einen Menschen zu seinem »Heil« zu begleiten, dürfen Sie ihn nicht nur als ein physisches (körperliches) Wesen sehen. Dadurch verlieren Sie die Möglichkeit, ihn als geistiges Geschöpf zu betrachten, um dann seine Energie durch Liebe und Mitgefühl zu harmonisieren. Gedanken, mit denen Sie sich beschäftigen, manifestieren sich im Äußeren. Um Belastungen zu vermeiden, sollten Sie öfter in Ihren Gedanken aufräumen, das heißt böse und schlechte Gedanken aus Ihrem Gedankengut streichen. Da die Energie der Aufmerksamkeit folgt, ist es sehr entscheidend, worüber wir denken.

Dem körperlichen Schmerz, mag er noch so unbedeutend sein, wird von vielen Menschen eine große Bedeutung beigemessen. Klagen über Schmerzen hören sich viele mit Mitleid an, in dem Moment empfindet der Klagende oft eine tiefe innere Genugtuung. Er verstärkt aber durch das Mitleiden anderer seine Schmerzen. Schenken Sie daher unbedeutenden Belastungen und Schmerzen keine zu große Beachtung, auch wenn es viele gibt, die Ihnen ihr Mitleid deswegen schenken würden. Sie verstärken allerdings dadurch das kleinere Übel erst recht, wie schwach die Symptome auch anfangs waren.

Ein guter spiritueller Heiler wird sich nie mit Krankheitsbezeichnungen wie Krebs, Arthrose, Erkältung und so weiter oder auch den vorgeburtlichen Einflüssen und dem Alter des Klienten befassen. Beim geistigen Heilen ist es egal, ob jemand Müller, Meier oder Huber heißt, ob eine Belastung den einen oder anderen Namen hat. Lassen Sie sich nicht verleiten, Personen oder Zustände zu behandeln!

Versetzen wir uns in einen Zustand, in dem wir ein unsterbliches geistiges Wesen vor uns haben und nicht einen Menschen als Person. Nur dann können wir uns mit dem eigentlichen Problem, dem geistigen Körper des Menschen, befassen. Diese Prinzipien des geistigen Heilens, die zum Bestandteil des Bewusstseins werden sollen, kann man nur durch viel Üben an seinen Mitmenschen erreichen.

Kommen wir mit kranken Menschen in Kontakt, ist es ein natürlicher Wunsch der meisten, dessen Leiden zu lindern und ihm zu seiner Gesundheit zu verhelfen. Das sollte immer an erster Stelle stehen. Alle haben, wenn sie das Gefühl spüren, Notleidenden zu helfen, auch immer eine natürliche Heilkraft in sich, mit der sie sofort imstande sind, anderen zu helfen, verbunden mit der Einstellung von Glauben und Vertrauen an das Gute und an die Heilung. Es steht außer Zweifel, dass diese Art der Heilung, die es immer schon gegeben hat, von vielen als solche nicht erkannt wird. Geistheilung ist ein Grundrecht der ganzen Menschheit und nicht nur von bestimmten Menschen oder einer bestimmten Religion. Auf der ganzen Welt wird geistige Heilung oft nur durch Gebete von Menschen zu den Kranken bewirkt.

Da im Kosmos alles auf Ordnung aufgebaut ist, gibt es auch im Bereich der geistigen Heilung Ordnungsregeln, wie bei allen anderen Vorgängen auch. Darum sollte man diese Gesetze kennen und wissen, wie man sie anwendet.

Spirituelle Heiler haben den Glauben, dass alles aus dem Göttlichen kommt. Somit gibt es keinen Zufall im Universum, alles basiert auf den Regeln der göttlichen Ordnung. Auch wenn manche Geistheilungen unerklärbar sein mögen, es gibt keine Wunder, denn alles kommt aus den gesetzesmäßigen Kräften der Schöpferquelle, jede geistige Veränderung basiert darauf.

Manche Institutionen lehren, dass das Heilen ein Ausdruck von Spiritualität sei, andere wiederum, dass die Heilerausbildung der Grundstock für eine allumfassende Entwicklung in der spirituellen Heilertätigkeit sei.

Viele sind sich aber darin einig, dass die Entwicklung einer spirituellen Ausrichtung und das dafür notwendige weiterentwickelte Bewusstsein immer mehr zu einem harmonischen und ausgleichenden Mechanismus unseres Lebens hier auf Erden gehört. Die meisten spirituellen Heiler sehen sich als Teil einer Entwicklung, in der Herausforderungen und Mut einfach zu ihrem Lebenswandel gehören.

Keine Angst, wenn sich Ihre alten Lebensbedingungen als spiritueller Heiler ändern, die größten Prüfungen finden nämlich in uns selbst statt.

Alte Denkmuster und Überzeugungen zum Thema Heilung müssen oft neu durchdacht werden, ob sie überhaupt noch den Zweck erfüllen, den sie vor ihrer »Wandlung« gehabt haben.

Falls Sie vorhaben, die Laufbahn eines spirituellen Heilers einzuschlagen, empfehlen wir Ihnen, sich bei einer Heiler-Gruppe anzumelden, um sich bei Gleichgesinnten die nötige Unterstützung zu holen. Wir bitten Sie auch, sich nicht völlig zu verausgaben; gönnen Sie sich zwischendurch immer wieder Ruhe, um Kraft zu tanken. Gehen Sie gelegentlich aus, um sich den Mitmenschen nicht ganz zu verschließen. Gehen Sie in die Natur, da finden Sie die Kraft, die Sie benötigen für Ihre Arbeit. Sie sollten sich aber auch bewusst sein, dass die Sie umgebenden Menschen Sie beeinflussen, wählen Sie daher bitte Ihre Begleiter und Ihre Umgebung stets gut aus.

Grundsatz der geistigen Heilung

Der wichtigste Grundsatz bei der geistigen Heilung ist: Wir sind nur ein »Kanal« für die Schöpferkraft, die durch uns zu dem Hilfesuchenden kommt. Unser ausgeprägtes Mitgefühl und die Liebe in unserem Herzen verstärken den Verlauf der Harmonisierung. Ein Geistheiler macht sich auch die Hilfe aus der geistigen Welt, zum Beispiel der Engel oder des Geistführers zunutze, indem er sie zu einer Heilanwendung einlädt, unterstützend mitzuarbeiten. Es bedarf keinerlei Hilfsmittel oder bestimmter Techniken, um ein gewünschtes Ergebnis zu erzielen. Der spirituelle Heiler sollte mit sich selbst vollkommen im Reinen sein. Seinen Gedankenstrom kann er bewusst und gezielt abschalten und geht dann in sein Gefühl, in sein Herz. Vorteilhaft ist es auch, keinerlei Aufmerksamkeit auf Krankheitsbilder oder belastende Situationen des Klienten zu richten. Am besten, Sie stellen sich den Menschen völlig gesund und vital vor. Dabei kommt es nicht darauf an, wie lange eine Anwendung dauert. Oft reicht schon die Absicht aus, Heilung zu geben, um eine positive Veränderung beim Empfänger zu beobachten, noch bevor die eigentliche Anwendung beginnt.

Geben Sie dem Ganzen die notwendige Zeit für eine Veränderung des Gesundheitszustandes. Je mehr Vertrauen Sie der geistigen Heilung und der Kraft Gottes entgegenbringen, umso schneller kann sich der belastende Zustand harmonisieren.

Sprechen Sie den Empfänger auf die Wahrnehmung im eigenen Körper an. Die Körperwahrnehmung ist ein wichtiger Aspekt zur Begünstigung des Heilverlaufes, da bei der Heilung unsere ganze Aufmerksamkeit auf den Körper gerichtet ist, und somit ordnende Energie nach sich ziehen kann.

Entgegen der Meinung vieler Anwender besitzen unsere Hände selbst keine Heilungskräfte. Wir gebrauchen sie lediglich als Werkzeug unseres Willens, um im Außen damit dem Heilungswunsch als Geste Ausdruck zu verleihen. Auch unser Verstand braucht unsere Hände zum Ausdruck einer Handlung. Sie sind bei einer Heilanwendung eine Art Hilfsmittel, um Wahrnehmungen und Empfindungen besser zu beurteilen, die sich eventuell sehr subtil anfühlen können.

Wir möchten noch einmal betonen, dass für eine spirituelle Heilung nicht unsere Hände oder unser Verstand verantwortlich sind, sondern ausschließlich die Schöpferkraft, die durch unser Bewusstsein, Heilung geben zu wollen, fließen kann. Vergessen Sie das alte Mysterium, dass Ihre Hände Heilungskräfte besitzen. Was zählt, ist das reine Mitgefühl und die allumfassende bedingungslose Liebe, helfen zu wollen.

Während wir für einen Hilfsbedürftigen um Heilung und Hilfe bitten, werden unsere Hände intuitiv in das Geschehen miteinbezogen, um so eine Verbindung zwischen uns und dem Empfänger zu schaffen. Sie werden bei einer Kontaktanwendung auch oft als sogenannter Stromleiter der göttlichen Energie benutzt, durch sie wird die Energieverbindung zur höchsten Stelle hergestellt. Das Beispiel der Fernanwendung zeigt uns, dass die Hände nicht unbedingt notwendig sind.

Vergessen Sie bitte nicht den Aspekt Ihrer eigenen Energie im Geschehen als spiritueller Heiler. Wünschenswert bei einem Geistheiler ist Ordnung in all seinen eigenen Lebensbereichen. Alles sollte bei Ihnen in der göttlichen Ordnung sein, um diesen Aspekt der Ordnung folglich auch so weitervermitteln zu können. Ein Geistheiler, der mit sich und der Welt im Reinen ist, gibt das auch als Energie und Information an seinen Klienten weiter, was durchaus von Vorteil sein kann.

Praktischer Ablauf einer spirituellen Heilanwendung

Fragen Sie Ihren Empfänger immer erst nach seiner Zustimmung zu einer Anwendung. Unterhalten Sie sich mit ihm, bevor Sie anfangen. Und fragen Sie ihn, ob er bereit ist, in seinem Leben etwas zu verändern.

- Die Anwendung kann entweder im Liegen oder im Sitzen geschehen.
- Bevor Sie mit einer Kontaktanwendung beginnen, fragen Sie ihn, ob Sie ihn berühren dürfen. Wenn nicht, bewegen Sie Ihre Hände ungefähr zwanzig Zentimeter über dem Körper.
- Sollte der Empfänger einen Herzschrittmacher haben, bitte erst seinen Arzt befragen.
- Vereinbaren Sie nach der Anwendung ein Zeichen, dass Sie fertig sind.
- Fragen Sie, ob ein besonders körperliches Anliegen vorliegt, das größere Aufmerksamkeit verlangt.
- Wenn Sie bemerken, dass er sehr aufgewühlt ist, er hat zum Beispiel einen stressvollen Tag hinter sich, machen Sie sich bitte die Mühe, bevor Sie mit der Heilung beginnen, ihn mit einer geführten Meditation zu entspannen.
- Um liebevolle Begleiter aus der geistigen Welt zu einer Heilsitzung einzuladen und sich selber einzustimmen, können Sie ein Gebet sprechen.

Ein Gebet, das wir selber verwenden und übrigens auch von vielen anderen spirituellen Heilern gesprochen wird, lautet:

»Oh großer Geist, Vater – Mutter – Gott, liebe Freunde und Familie in der geistigen Welt, liebe Engel und Erzengel. Wir danken euch, dass ihr da seid, um uns zu begleiten und zu beschützen. Wir danken euch für die Heilung, die wir bekommen und für die Heilung, die wir weitergeben dürfen. Denn alles, was wir hier vorhaben, ist mit Licht, Liebe und Mitgefühl gedacht.«

- Erden Sie sich jetzt, indem Sie sich vorstellen, rote Wurzeln aus Ihren Füßen Richtung Erdmittelpunkt wachsen zu lassen.
- Stellen Sie sich einen Meter hinter den Empfänger.
- Bitten Sie, bevor Sie mit der Sitzung beginnen, um den Schutz und umgeben Sie sich beide jetzt mit weißem Licht.
- Nehmen Sie den Empfänger als Energie wahr und nicht als sichtbare Materie.
- Halten Sie nun die Hände mit der Handfläche nach oben hinter den Kopf des Empfängers.
- Jetzt bitten Sie das höhere Selbst, das heißt die Seele des Empfängers um Erlaubnis.
- Zugleich bitten Sie, dass wir als reiner Kanal für die göttliche Energie zur Verfügung stehen dürfen. Bitten Sie um die vollkommene Gesundheit des Empfängers.
- Legen Sie jetzt Ihre Hände auf die Schultern der Person, der Sie eine Anwendung geben, um sich mit ihr zu verbinden, als Dreiecksverbindung nach oben (Empfänger-Heiler-Gott).

- Gehen Sie jetzt bestimmte Körperteile durch, zuerst die linke Seite des Körpers und dann die rechte Seite, und geben Sie den einzelnen Körperstellen die ganze Kraft der Nächstenliebe (pro Körperteil etwa eine Minute). Dabei richten Sie Ihre ganze Aufmerksamkeit immer auf Ihr Herz, und das möglichst gedankenfrei.
- Sie fangen bei den Schultern an. Mit beiden Händen berühren Sie sanft die Schulter, gehen dann mit einer Hand zur Ellenbeuge, jetzt mit beiden Händen zur Ellenbeuge, dann wieder mit einer Hand zum Handgelenk, wobei die erste Hand immer an der vorangegangenen Stelle verharrt, jetzt mit beiden Händen zum Handgelenk. Jetzt gehen Sie mit beiden Händen an die Außenseite des Beckens, dann wieder mit einer Hand ans Knie, jetzt mit beiden Händen ans Knie, dann die eine Hand zu den Füßen, und jetzt beide Hände an die Füße. Dann das Gleiche mit der anderen Seite des Körpers.
- Zum Schluss gehen Sie an beide Füße und berühren beide Füße am Spann für circa zwei bis drei Minuten.
- Denken Sie, wenn möglich an gar nichts, denn dann ist Ihre volle Aufmerksamkeit im Hier und Jetzt des Geschehens.
- Wenn der Empfänger Ihnen eine besondere Stelle mitgeteilt hat, legen Sie jetzt für etwa drei bis vier Minuten Ihre Hände über diese Stelle und schenken der Stelle Ihre ganze Aufmerksamkeit.
- Zum Schluss gehen Sie noch mal für ein paar Minuten zu den Schultern und danken der höchsten Stelle für das Privileg, als reiner Kanal gedient haben zu dürfen.

- Nachdem Sie aufgestanden sind, trennen Sie sich energetisch von dem Empfänger, indem Sie mit beiden Händen vor Ihrem Körper von oben nach unten die Verbindung lösen.
- Wurde vorher ein Zeichen ausgemacht, geben Sie jetzt das Signal, dass die Anwendung beendet ist.

Sprechen Sie im Nachgespräch über das neue Gefühl des Empfängers, das sich jetzt nach der Anwendung vielleicht verändert hat. Das neue Gefühl zieht immer auch eine positive Veränderung nach sich.

Verabreichen Sie dem Empfänger keine Medikamente oder Ähnliches. Wenn er eine schwere Krankheit hat, soweit Sie das beurteilen können oder er es ihnen mitgeteilt hat, und es stellt sich raus, dass er noch keinen Arzt aufgesucht hat, dann schicken Sie ihn bitte sofort zu einem Arzt. Bitte stellen Sie keine Diagnosen, überlassen Sie das einem Arzt. Bitte versprechen Sie keine Heilungen, aber Ihre Einstellung sollte ermutigend, positiver Natur und einfühlend sein.

Machen Sie ihm Mut, sich positive Erwartungen zu eigen zu machen und an den Fortschritt in Richtung eines ganzheitlichen Heilwerdens zu glauben.

Lassen Sie die Frage offen, wie viele Anwendungen nötig sind. Das sollte der Empfänger aus seinem eigenen Gefühl heraus entscheiden. Geben Sie ihm immer auch einen Hinweis, dass mehrere Anwendungen hilfreich sein könnten, um zum gewünschten Ziel zu kommen.

Lassen Sie ihn noch einige Zeit ausruhen, bevor er geht; und besprechen Sie mit ihm eine neue Vorgehensweise hinsichtlich seiner Lebenssituation, die nicht Sie als Anwender, sondern der Empfänger aus sich selbst heraus erkennen soll.

Ablauf einer Fernanwendung

- Schaffen Sie sich einen Raum, in dem Sie durch nichts gestört werden, wenn Sie eine Fernanwendung geben.
- Bitten Sie die Freunde der geistigen Welt um Unterstützung.
- Bitten Sie dann um die göttliche Kraft zur Hilfe und Heilung.
- Benennen Sie jetzt den Menschen, bei dem Sie um die volle Gesundheit bitten.
- Gehen Sie mit Ihrer ganzen Aufmerksamkeit in Ihr Herzchakra.
- Stellen Sie sich den Empfänger der Fernanwendung vollkommen gesund vor.

Je mehr wir in unser Mitgefühl gehen, umso intensiver wird die Fernanwendung.

- Richten Sie Ihre ganze Aufmerksamkeit auf seine volle Gesundheit.
- Konzentrieren Sie sich auf die bedingungslose Liebe und die Absicht, Heilung zu schicken.
- Bringen Sie Ihre Atmung in einen harmonischen Rhythmus.
- Atmen Sie Liebe ein und Frieden aus.
- Kommen Sie zur Ruhe und zum inneren Frieden.

Wenn Sie diesen Ablauf in einer Gruppe mit mehreren Menschen durchführen, wird sich die Energie potenzieren. Machen Sie diese Fernanwendungen möglichst täglich, bis sich ein gewünschter Erfolg bei dem Empfänger einstellt.

Gehen Sie nach Ihrer Intuition, wie lange und wie oft Sie eine Fernanwendung geben möchten. Und fragen Sie nicht zu oft, ob bereits eine Veränderung eingetreten ist, denn dann fühlen sich die meisten unter Druck gesetzt.

Integrieren von Farben und Musik zur Harmonisierung

Benutzen Sie Farben, die Ihnen intuitiv in den Sinn kommen. Farben können eine heilende Wirkung auf uns haben. Stellen Sie sich Farben vor und visualisieren Sie sie während einer Anwendung in Form von Farbtüchern, die Ihnen erscheinen und die Sie dann dem Klienten auf den Körper legen.

Es kommen immer die richtigen Farben, haben Sie auch da Vertrauen. Ebenso können Sie reale Farbtücher verwenden und sie dem Empfänger auf bestimmte Körperstellen legen.

Auch mit angenehmer Musik lässt sich eine Heilsitzung harmonisieren. Die Musik trägt einen positiven Beitrag zum Geschehen bei.

Lassen Sie sich von Ihrem Gefühl und Ihrer Intuition leiten, handeln Sie immer in vollkommener Liebe.

Wichtig

Ein spiritueller Heiler wird sich nie anpreisen, sondern er wartet immer, bis Hilfe suchende Menschen auf ihn zukommen und Hilfe von ihm erbitten.

Der Hauptgrund, um Menschen zu ihrem Heilsein begleiten zu dürfen, sollte vordergründig der Aspekt der Nächstenliebe sein und niemals kommerziell gedacht werden. Natürlich muss auch ein Geistheiler seine Miete und seine Lebenskosten bezahlen; deshalb ist es in Ordnung, wenn er für seine Leistung ein Honorar verlangt.

Erfolge

»Die Wahrheit ist die Eine, aber weise Menschen nähern sich ihr mittels verschiedener Methoden.«

Aus hinduistische Schriften vor ca. 4000 Jahren

Für eine größtmögliche Nachhaltigkeit unserer positiven Ergebnisse bei einer Heilanwendung sollten Sie den Meinungen Ihrer Mitmenschen hinsichtlich der Wirkungsweise der Methode keine Beachtung schenken. Es wird immer wieder jemanden geben, der sich zum Thema Heilung auf geistigem Weg negativ äußert. Leider ist den meisten oft gar nicht bewusst, dass sie mit ihrer negativen Meinung, wie zum Beispiel »Das hält ja doch nicht lange an und du wirst es schon sehen und doch wieder krank werden«, Ihnen im Endeffekt schaden können.

Nehmen Sie die Meinung der anderen auch noch an, das heißt, schenken dem Ganzen Glauben und Gehör, kann sich durch das Aufnehmen der negativen Worte die Belastung durch die jetzt neu aufkommenden negativen Gedanken wieder zu Krankheit oder Unordnung zurückmanifestieren. Achten Sie daher auf Ihre Gedanken und die damit verbundenen Gefühle. Glauben und behalten Sie den Gedanken, dass Sie gesund sind, egal was Ihnen Ihre Umwelt signalisiert, und geben Sie das auch weiter.

Um in allen Bereichen Nachhaltigkeit auf Dauer zu erzielen, ist es wichtig, auf die eigene Ordnung in all Ihren Lebensbereichen zu achten. Wie soll sich Ordnung und Harmonie in der Gesundheit auf Dauer manifestieren können, wenn in Ihren Lebensbereichen, wie in der Arbeit, der Beziehung und allen anderen Bereichen, Unordnung herrscht? Fangen Sie daher an, auch bei sich für Ordnung zu sorgen, wie gesagt: wie im Innen, so im Außen und außen wie innen. Bleiben Sie bitte nicht in alten Gewohnheiten verwurzelt, sondern verändern Sie Ihr Leben hin zur Ordnung in allen Bereichen, und Sie werden Ihre Gesundheit behalten. Das sind Lebensweisheiten nicht nur von uns beiden, sondern auch von vielen weltweit bekannten und erfolgreichen spirituellen Heilern.

Wenden Sie möglichst jeden Tag eine der aufgezeigten Heilmethoden an und achten Sie immer auch auf Ihre Gedanken, damit Sie die größtmögliche Nachhaltigkeit erreichen.

Ernährung

»Nur wenn Mitgefühl da ist, existiert jene Intelligenz, die der Menschheit Sicherheit und Stabilität, ein ungeheures Gefühl der Stärke gibt.«

Krishnamurti (1895–1986), indischer spiritueller Lehrer

Es gibt kein allgemeingültiges Konzept für Ihre Ernährung. Eine alte ayurvedische Lebensweisheit sagt: Wenn das Essen gut riecht, gut schmeckt und gut aussieht, dann kannst du es verzehren. Essen Sie frische Lebensmittel und möglichst nichts Behandeltes. Vermeiden Sie gemischte Getränke und trinken Sie am besten reines Quellwasser, da hier die kristalline Struktur des Wassers am feinsten ist. Es kann durch seine Beschaffenheit alles aus Ihrem Körper spülen, was nicht hineingehört.

Letztendlich holen wir uns aus der Nahrung die Lichtenergie, also die Lichtphotonen, um unseren Körper, der ja auch aus Licht und Information besteht, zu ernähren. Nahrung, die frisch aus einem Garten kommt, hat das Potenzial für eine gesunde Ernährung. Wir brauchen daher auch keine großen Mengen an Nahrung mehr, da in dieser lichtvollen Ernährung alles an lebenswichtigen Nährwerten für unseren Körper enthalten ist, um gesund zu bleiben. Da alles in ihr enthalten ist, können wir auch gut mit weniger Nahrung leben, was auch durch ein geringeres Hungergefühl von unserem Körper signalisiert wird.

Über Meditation

»In der Entwicklung des Kosmos kommt später der Zufall ins Spiel. Aber auch der Zufall fügt sich den zu Anfang gesetzten Formen, er genügt den Häufigkeitsgesetzen der Quantentheorie.«

Werner Heisenberg (1901–1976), deutscher Pysiker

Der Begriff Meditation stammt aus dem Lateinischen (meditatio) und bedeutet »das Nachdenken«. Meditationstechniken werden heute überwiegend als Methoden zur Stressbewältigung und zur Beruhigung des Geistes eingesetzt. Aber es gibt auch Übungen, mit denen man sein Bewusstsein erweitern kann, um die Gegenwart in seiner Vielfältigkeit wahrzunehmen, um im Hier und Jetzt zu sein, zum Beispiel mit einer besonderen Bewusstseinsmeditation.

Übungen zur Bewusstseinserweiterung beziehen sich auf die Beobachtung und Wahrnehmung des eigenen Körpers sowie den damit einhergehenden Empfindungen, Gedanken sowie Gefühlen in einem sich ausdehnenden Bewusstsein. Durch diese Meditation können Sie lernen, Ihr Bewusstsein zu erweitern, um mehr Leichtigkeit, innere Freiheit, Ruhe und ein wunderbares Wohlgefühl im Körper zu erfahren. Wir empfehlen Ihnen, diese Meditation vor einer ausgiebigen Anwendung mit der 2-Punkt-Methode zu machen, damit Sie sich bewusst für die bevorstehende Transformation durch eine Anwendung öffnen.

In einer stillen Meditation kommen wir stärker in Kontakt mit dem Ursprung unserer Schöpfung, der reinen Bewusstheit unseres Fühlens und Denkens, jenseits von Sprache und Intellekt. Eine geführte Bewusstseinsmeditation erlaubt dem Geist, den Bereich des Denkens zu überschreiten und in einen Zustand tiefer geistiger innerer Ruhe einzutauchen.

Wenn also das reine Bewusstsein die Quelle von allem ist, so können wir uns auch diese Quelle bewusst durch Meditation zunutze machen, um wieder Ordnung in und um uns herum zu erfahren. Die Quelle der Gedanken reinen Bewusstseins stellt daher ein unbegrenztes und unendliches Reservoir potenzieller Energie und Ordnung dar.

Hier ein paar Schritte zur erfolgreichen Meditation:

- Wählen Sie eine angemessene Zeitspanne für eine Meditation. Es sollten mindestens fünfzehn bis zwanzig Minuten sein.
- Setzen Sie sich mit geradem Rücken hin, Kopf ausgerichtet und leicht nach oben schauend.
- Entspannen Sie den Körper von den Zehen bis zum Kopf.
- Erden Sie sich, das heißt, verbinden Sie sich über die Füße mit der Erde (siehe spirituelle Heilung).
- Formulieren Sie mental eine Absicht, ein Gebet oder eine Affirmation, die Ihr höchstes Ideal verkörpert, als Ausgangspunkt Ihrer Meditation.
- Atmen Sie tief durch, wobei Sie zwischen dem Ein- und dem Ausatmen einige Sekunden Pause machen. Dann erlauben Sie Ihrer Atmung, ihren eigenen Rhythmus wieder aufzunehmen.

- Wenn der Geist konzentriert ist, fangen Sie an, Ihren Körper nach und nach bewusst wahrzunehmen. Tun Sie absolut nichts. Wenn Gedanken kommen, lassen Sie sie einfach weiterziehen. Nehmen Sie weiterhin Ihren ganzen Körper wahr.
- Am Ende der Meditation senden Sie Gedanken des Friedens, Heilens und der Liebe an die Erde und zu allen Lebewesen.

Fahren Sie damit fort, sich selbst wieder auf die Bewusstseinsebene zurückzubringen, die für Ihr Alltagsleben angemessen ist. Vergewissern Sie sich, dass Sie gut geerdet sind. Meditation stimuliert die Energiezentren (Chakren) und erweitert unser Bewusstsein.

Weitere Möglichkeiten, um in einen meditativen Zustand zu kommen:

1. Mentale Wiederholungen eines Gebets, eines Satzes, eines Wortes, einer Affirmation, zum Beispiel: »Frieden, Frieden, Frieden«.
2. Das Aussprechen des heilenden Lautes OM, das sich aus den Lauten a-u-m zusammensetzt und als der universale, reinigende und heilende Ton bezeichnet wird.
3. Musik und Ton, zum Beispiel Choralgesänge, zum Summen oder Singen.
4. Freie Bewegungsübungen oder heilige Tänze.
5. Einen Gegenstand betrachten mit offenen Augen und mit dem Ziel, das eigene Bewusstsein allmählich vollständig mit diesem zu verschmelzen, als Energiewolke. Das kann eine Kerze, eine Blume, ein Baum, ein Bild der Natur oder Ähnliches sein.

6. Visualisierung einer inneren Reise, bei der man bewusst seinen Tempel des Friedens erschafft.

Alle diese Techniken können einzeln oder kombiniert verwendet werden, zusammen mit etwas, das Sie als entspannend empfinden, wie etwa Weihrauch mit echten Naturharzen oder ätherische Öle.

Probieren Sie die verschiedenen Methoden aus und stellen Sie fest, welche Ihnen am meisten zusagt.

Bewusstseinsmeditation

Setze dich auf einen Stuhl, ein Sofa oder eine andere bequeme Sitzgelegenheit. Wähle einen ruhigen, für dich angenehmen Ort für diese Meditation aus.
Schließe deine Augen.
Dein Atem wird ruhiger.
Atme jetzt dreimal mit tiefen Atemzügen in deinen Bauch und deine Brust ein.
Und langsam wieder aus.
Beginne und nimm deine rechte Hand wahr.
Nimm deine linke Hand wahr.
Werde dir nun beider Hände gewahr.
Spüre jetzt deinen linken Unterarm.
Danach deinen rechten Unterarm.
Nimm jetzt beide Unterarme zugleich wahr.
Spüre nun deinen rechten Oberarm.
Und jetzt deinen linken Oberarm.
Nun beide Oberarme.
Nimm deine linke Schulter wahr.
Und jetzt deine rechte Schulter.
Und nun beide Schultern.
Spüre deinen Hals.
Und jetzt deinen Nacken.
Nimm nun dein Kinn wahr.
Spüre jetzt deine untere Lippe.
Und nun deine obere Lippe.

Und jetzt beide Lippen.
Nimm deine Nase wahr.
Jetzt dein linkes Auge.
Und nun dein rechtes Auge.
Richte jetzt dein Gewahrsein auf beide Augen.
Nimm deine rechte Augenbraue wahr.
Und nun deine linke Augenbraue.
Und jetzt beide Augenbrauen.
Spüre dein linkes Ohr.
Und jetzt dein rechtes Ohr.
Nun beide Ohren.
Nimm jetzt deine linken Zehen wahr.
Nun deine rechten Zehen.
Spüre in alle Zehen hinein.
Nimm jetzt deine linke Fußsohle wahr.
Und nun deine rechte Fußsohle.
Und jetzt beide Fußsohlen.
Sei dir deines linken Unterschenkels gewahr.
Und jetzt deines rechten Unterschenkels.
Werde dir nun beider Unterschenkel bewusst.
Nimm dein linkes Knie wahr.
Und jetzt dein rechtes Knie.
Und nun wieder beide Knie.
Nimm jetzt deinen rechten Oberschenkel wahr.
Und jetzt deinen linken Oberschenkel.
Sei dir nun beider bewusst.
Jetzt nimm deine Hüften wahr.
Und nun deinen Bauch.
Werde dir jetzt deiner Brust bewusst.
Nimm nun deinen gesamten Rücken wahr.
Spüre deinen ganzen Körper, vom Kopf bis zu den Zehen.

Werde dir jetzt deines Herzens bewusst, das dich jeden Tag mit Lebensenergie versorgt,
Tag für Tag,
Jahr für Jahr.
Und letztendlich ein Leben lang für dich da ist.
Dieses Herz zentriert sich mit der ganzen Kraft der Liebe in der Mitte deiner Brust, dem Herzchakra.
Sei dir deines Herzens bewusst, der größten Kraftquelle deines Körpers.
Nimm jetzt bewusst den Raum wahr, in dem du sitzt.
Werde dir des Hauses bewusst, in dem du dich befindest.
Werde dir jetzt des Ortes bewusst, in dem das Haus steht.
Werde dir nun des Landes bewusst, in dem du lebst.
Werde dir jetzt des Kontinents bewusst, auf dem dein Heimatland liegt.
Werde dir jetzt der ganzen Welt bewusst.
Werde dir nun aller Nachbarplaneten bewusst.
Werde dir unseres ganzen Sonnensystems bewusst, in der unsere Erde nur eine kleine Kugel darstellt.
Werde dir nun unserer gesamten Schöpfung bewusst.
Bleibe noch zwei Minuten in diesem Zustand.

Komm jetzt wieder zurück und nimm deinen Körper und den Raum um dich herum wahr.
Bewege langsam deine Hände und Beine.
Und öffne jetzt wieder deine Augen.

Kraftmeditation

Setze dich auf einen Stuhl oder eine für dich bequeme Sitzgelegenheit.
Atme dreimal tief in deinen Bauch und deine Brust ein.
Schließe deine Augen und konzentriere dich nur noch auf diese Stimme.
Wir beginnen mit einer Reise, achte dabei auf deinen Körper, die Wahrnehmungen und Empfindungen, nimm sie ganz bewusst wahr.
Stell dir vor, du bist auf einer großen Insel inmitten vieler kleiner Nachbarinseln.
Du entdeckst einen wunderschönen Wasserfall inmitten dieses wunderschönen Paradieses, das sich mit Palmen und tropischen Blumen in allen nur erdenklichen Farben vor dir zeigt.
Du ziehst deine Schuhe aus und bewegst dich zum Strand.
Genieße den weichen Sand unter deinen Füßen.
Es fühlt sich an, als gleitest du über ihn. Spüre bewusst in dein Gefühl des Seins, das sich wie eine Welle in deinem Körper ausbreitet.
Du fühlst dich sichtlich leichter und möchtest diesen wunderbaren Ort unberührter Natur mit allen Sinnen in dich aufnehmen.
Das Meer spült kleine Wellen mit weißer Gischt an den Strand.

Du lauschst dem Geräusch der Meeresbrandung und lässt dir das angenehm warme Meerwasser über deine Füße spülen.
Spüre das schmeichelnd weiche Wasser des Meeres, das dich mit einem Gefühl der Harmonie und dieser wunderschönen Natur verbindet.
Die Sonne geht unter, die Temperatur empfindest du als sehr angenehm, der sanfte Wind auf deiner Haut ruft ein Gefühl der Freiheit in dir hervor.
Die Weite des Meeres bringt dir die Leichtigkeit des Seins, im Hier und Jetzt zu sein. Ein Gefühl, das dich mit allem verbindet, das dich umgibt.
Ein Gefühl, das deinen Herzschlag auf eine wundersame Art und Weise in Einklang mit Mutter Natur bringt.
Ein Wahrnehmen des Einsseins in Liebe mit unserer liebevollen Mutter Erde.
Spüre in dein Herz, es ist jetzt in der Liebe zu allen Lebewesen auf unserem Planeten, zu allen Pflanzen und der gesamten Vegetation.
Wir sind alle aus ein- und demselben Ursprung einer wunderbaren Schöpfung, aus der Quelle des Bewusstseins.
Spüre die Weite und die Größe deines Bewusstseins.
Bewusst zu sein, ohne Raum und Zeit, ohne Gegenwart und Zukunft, nur in der Achtsamkeit des Momentes.
Bleibe noch zwei Minuten in diesem Zustand.

Du nimmst wieder den Raum wahr, in dem du dich befindest.
Spüre deine Füße und Arme und öffne langsam wieder deine Augen.

ANHANG

Literaturverzeichnis

Die verwendeten Bücher sowie weitere finden Sie auf unserer Webseite unter
www.quantenheilung-seminare.com

Bartlett, Dr. Richard: *Die Physik der Wunder. Wie Sie auf das Energiefeld Ihres Potenzials zugreifen*. VAK Verlag, 2010.

Becker, Volker J.: *Gottes geheime Gedanken. Was uns westliche Physik und östliche Mystik über Geist, Kosmos und Menschheit zu sagen haben*. Lotos Verlag, 2008.

Braden, Gregg: *Im Einklang mit der göttlichen Matrix. Wie wir mit Allem verbunden sind*. Koha, 2007.

Braden, Gregg: *Der Realitäts-Code. Wie Sie Ihre Wirklichkeit verändern können*. Koha, 2009.

Dossey, Larry: *Wahre Gesundheit finden. Krankheit und Schmerz aus ganzheitlicher Sicht*. Knaur Verlag, 1991.

Grabowski, Siegfried: *Der Heilstrom. Über den praktischen Umgang mit der Heilkraft*. Schirner-Taschenbuch, 2007.

Heisenberg, Werner: *Physik und Philosophie*. Hirzel Verlag, 2007.

Holmes, Ernest: *Der Schlüssel zum wahren Leben*. Verlag CSA, 1984.

Kinslow, Frank: *Quantenheilung erleben. Wie die Methode konkret funktioniert*. VAK-Verlag, 2010.

Krotoschin, Henry: *Huna Praxis. Bewusste Lenkung des Schicksals.* Verlag Schirner, 2004.

Lipton, Bruce H.: *Intelligente Zellen: Wie Erfahrungen unsere Gene steuern.* Koha, 2006.

Lorber, Jakob: *Heilung und Gesundheitspflege in geistiger Schau.* Lorber-Verlag, 2002.

Mazur, Josef Adam & Pade, Rosemarie Gitta: *Aura: Farben des Lichts. Begleitung zur Heilung, Licht-Farb-Analyse, Aura-Foto-Diagnose.* Silberschnur Verlag, 2001.

Möbius, Jill: *Das Geheimnis der richtigen Schwingung. Anleitung für ein wunder-volles Leben.* Verlag Via Nova, 2007.

Pellegrino-Estrich, Robert: *Die Kraft zu heilen. Ein klarer, kompakter und umfassender Führer in Energieheilen.* Michalis-Verlag, 2005.

Petrov, Arcady: *Rette Dich.* 1. Teil der Trilogie *Erschaffung der Welt.* RARE WARE Medienverlag, 2010.

Southwood, Malcolm S.: *Die Gabe der Heilung. Spirituelle Kraft und Liebe für Körper, Geist und Seele.* Lüchow Verlag, 2007.

Trine, Ralph Waldo: *In Harmonie mit dir selbst. So findest du Glück und Zufriedenheit.* Deltus media, 2009.

Yogananda, Paramahansa: *Wissenschaftliche Heilmeditationen. Theorie und praktische Anwenung der Konzentration.* Self-Realization Fellowship Publihers, 2000.

Rechtsgrundlage für Heiler in Deutschland

Mit der Grundsatzentscheidung des Bundesverfassungsgerichtes 2004 (AZ: 1 BvR 784/03) wurde eindeutig entschieden, dass man als Heiler arbeiten darf und dass man zum Ausüben des geistigen Heilens keine Heilpraktiker-Erlaubnis oder Approbation benötigt. Heiler, die zur Aktivierung der Selbstheilungskräfte des Patienten beispielsweise Handauflegen praktizieren, unterscheiden sich grundsätzlich in der Art der Ausübung sowie im Erscheinungsbild von Ärzten und Heilpraktikern. Das Heilpraktikergesetz findet hier deswegen keine Anwendung. Gleiches gilt für Tätigkeiten, die religiöser Natur sind oder rituelle Praktiken. Der Hauptgrund liegt darin, dass vom Heiler keine Diagnose gestellt wird.

Aber der Heiler ist dafür verantwortlich, dass der Patient ihn nicht für einen Arzt hält und geistiges Heilen nicht mit ärztlicher Heilkunde verwechselt wird. Aus diesem Grund verlangt das Bundesverfassungsgericht vom Heiler aufklärende Hinweise hierzu.

Will ein Heiler die Diagnostik in seine Arbeit mit Patienten einbeziehen, ist hierfür nach in Deutschland geltendem Recht in jedem Fall eine Heilpraktikererlaubnis oder eine ärztliche Approbation notwendig. Dasselbe gilt, wenn Heiler andere Therapien in ihre Arbeit einbeziehen wollen, die nicht zum geistigen Heilen zählen, zum Beispiel naturheilkundliche Behandlungen oder Ähnliches.

Nach geltendem Recht ist die gezielte Krankheitsbehandlung nur erlaubt, wenn die Diagnose vom Arzt, Heilpraktiker oder vom Klienten selbst stammt. Der Arzt/Heilpraktiker darf seine Patienten zum Heiler schicken. Der Heiler muss nicht in der Arztpraxis tätig werden. Er kann zu Hause oder in der eigenen Praxis arbeiten. Für den Arzt/Heilpraktiker ist das kein Problem, da er keine medizinische, sondern eine seelsorgerische Verantwortung überträgt.

Zur Beachtung

Die hier zur Verfügung gestellten Informationen sollen Ihnen als Unterstützung dienen, sodass Sie mit Ihrem Arzt oder Heilpraktiker eigenverantwortliche Entscheidungen in Gesundheitsfragen treffen können. Bei gesundheitlichen Belastungen sollten Sie die vorgestellten Methoden erst nach Absprache mit Ihrem Arzt oder Heilpraktiker anwenden, da sie keinen Ersatz bieten für eine verordnete Behandlung. Weder wir als Autoren noch der Verlag übernehmen für eventuelle Schäden, die aus den im Buch erteilten Hinweisen entstehen, eine Haftung.

Nachwort

Wir wünschen uns, dass Ihnen der Inhalt dieses Buches zu mehr Lebensqualität verhelfen wird. Es war interessant für uns zu merken, dass wir durch das Schreiben eine für uns neue Sichtweise der Dinge gewannen. Es war sehr inspirierend, bei gewissen Themen so richtig in die Tiefe gehen zu können, um die verschiedenen Aspekte der Heilungstechniken anders zu beleuchten.

Wir hatten sehr viel Spaß und Freude daran, in einem Buch die Dinge, die uns am Herzen liegen, eben die verschiedenen Heilmethoden, zum Ausdruck zu bringen. Üben Sie mit den hier vorgestellten Methoden möglichst jeden Tag. Sie ermöglichen es Ihnen auf eine einfache Weise, Ihr Leben positiv zu verändern. Üben ist auch hier wieder das Zauberwort, um einen Meister aus Ihnen zu machen. Denn Meister fallen bekanntlich nicht vom Himmel.

Wir wissen, wie schwer es sein kann, alte Gewohnheiten durch neue zu ersetzen.

Befassen Sie sich möglichst nur mit den Dingen im Leben, die Sie weiterbringen und nicht mit denen, die Sie blockieren. Legen Sie Ihren Fokus auf das Gute und es wird die Energie nach sich ziehen, die Sie benötigen, um ein Leben nach Ihren Vorstellungen zu führen. Sie haben in diesem Buch verschiedene Möglichkeiten gezeigt bekommen, die Ihr Leben zu dem machen, wie Sie es sich wünschen. Es ist schön, die Dinge wieder spielerisch zu sehen, wie die

Kinder es uns vormachen. Leben Sie nicht ständig in der Vergangenheit oder der Zukunft, sondern im Hier und Jetzt, gegenwärtig mit der ganzen Kraft des Moments.

Wir wünschen uns auch, dass die Medizin den technischen Fortschritt mit Empathie und dem alten Wissen mit neuen Erkenntnissen verbindet, was in einigen Krankenhäusern in Deutschland, Österreich und der Schweiz schon vereinzelt erfolgreich umgesetzt wird.

Wenn das weiterhin geschieht, sind wir auf dem besten Weg zu einer ganzheitlichen Denkweise.

Alles Liebe und Gute.

Dank

Wir möchten uns von ganzem Herzen für die Realisierung des Buches bei der Verlegerin Sabine Giger bedanken, die es uns ermöglicht hat, dieses Buch zu veröffentlichen.

Danke für die herzliche Unterstützung auf unserem Weg zum Autor.

Dann ein herzliches Dankeschön an alle, die an uns geglaubt haben und es weiterhin tun und an unsere Freunde und Familien. Ein herzlicher Dank auch an alle Seminarteilnehmer, die uns mit ihrer Unterstützung für dieses Buch einen wertvollen Beitrag geleistet haben.

Kontakt

Unser Forum: http://forum.quantenheilung-seminare.de
Kontakt unter: www.quantenheilung-seminare.com
oder
www.heilakademie-walbertundlang.com
E-Mail-Kontakt: info@quantenheilung-seminare.de

Deutschland und Österreich:
unter 0049 (0)171-2021997, 0049 (0) 0163-2575774.

Für die Schweiz über den Giger Verlag zu den Seminarangeboten unter:
www.gigerverlag.ch, oder unter: 0041 (0)55-442 68 48

Seminare, Ausbildungsangebot und Einzelsitzungen
HeilAkademie Walbert & Lang
Ausbildung und Seminare für geistige Heil- und Bewusstseinstechnologien
Die Akademie vereint das Wissen aus Wissenschaft, Spiritualität und Gesundheit.

Unsere Seminarreihe bietet Ihnen zwei Seminare zur Quantenheilung an, Seminar I und II als Wochenendseminare. Als drittes Seminar bieten wir ein Wochenendseminar über die russische Bewusstseinstechnologien als Seminar III an.

In manchen Städten haben Sie auch die Möglichkeit, ein 3-Tage-Intensiv-Seminar zu besuchen, das die Seminare I + II der Quantenheilung beinhaltet.
Wir bieten auch die Möglichkeit einer Ausbildung zum spirituellen Heiler an, mit den Zusatzausbildungs-Modulen der Bewusstseinstransformation (Quantenheilung, 2-Punkt-Methode) und den russischen Heiltechniken. Die Ausbildung geht über acht Tage und findet in der Schweiz und in Deutschland statt.
Mit unserem Seminarurlaub wird Ihnen die Möglichkeit angeboten, Seminar und Urlaub im Ausland als besonderes Erlebnis zu kombinieren. Infos auf unserer Webseite oder telefonisch.

Einzelsitzungen in der Praxis in München:
0049 (0)171-2021997
oder 0049 (0)163-2575774
E-Mail: Info@quantenheilung-seminare.de

Alle Informationen rund um die Seminare und Ausbildungen finden Sie auch auf unserer Webseite unter:
www.quantenheilung-seminare.com
oder
www.heilakademie-walbertundlang.com

Über die Autoren

Thomas Lang hält seit Jahren Vorträge zum Thema: »Heilung auf geistigem Weg«, sein Wissen vertieft er laufend durch Literaturstudien und Seminare. Er hat eine zweijährige Ausbildung als »spiritueller Heiler« bei der NFSH England, einer weltweit anerkannten Organisation, absolviert. 2009 machte er eine weitere Ausbildung zu den Themen Bewusstseinstransformation (Quantenheilung und 2-Punkt-Methode) und russische Heilungs- und Bewusstseinstechnologie. Als selbstständiger Seminarleiter, Referent und Ausbilder lebt er in der Nähe von München, wo er auch Einzelsitzungen in einer Praxis anbietet.
www.thomas-lang.eu
www.heilakademie-walbertundlang.com

Monika Walbert ist nach ihrer langjährigen Tätigkeit als Designerin und Malerin im In- und Ausland jetzt als Seminarleiterin, Referentin und spirituelle Heilerin tätig. Sie ließ sich an der NFSH in England als spirituelle Heilerin ausbilden. Eine Praxis in München ermöglicht es ihr, Einzelsitzungen anzubieten. Es folgte eine Ausbildung zur systemischen Therapeutin. Das Wis-

sen davon setzt sie in ihren Seminaren und Workshops sehr erfolgreich in Verbindung mit der Quantenheilung um. Außerdem besuchte sie Intensivseminare der Bewusstseinstransformation (Quantenheilung und 2-Punkt-Methode) und der russischen Heilungs- und Bewusstseinstechnologien.
www.monika-walbert.eu
www.heilakademie-walbertundlang.com